Integrated Chinese

Integrated Chinese

中文听说读写

Traditional & Simplified Character Edition

CHARACTER WORKBOOK

Second Edition

Yuehua Liu and Tao-chung Yao

Nyan-Ping Bi and Yaohua Shi

CHENG & TSUI COMPANY ▲ Boston

First Edition 2002
Second Edition 2007

15 14 13 12 11 10 09 08   3 4 5 6 7 8 9 10

Published by
Cheng & Tsui Company, Inc.
25 West Street
Boston, MA 02111-1213 USA
Fax (617) 426-3669
www.cheng-tsui.com
"Bringing Asia to the World"™

Traditional and Simplified Character Edition
ISBN 978-0-88727-482-4

The *Integrated Chinese* series includes books, workbooks, character workbooks, audio products, multimedia products, teacher's resources, and more. Visit www.cheng-tsui.com for more information on other components of *Integrated Chinese*.

Printed in Canada

PUBLISHER'S NOTE

When *Integrated Chinese* was first published in 1997, it set a new standard with its focus on the development and integration of the four language skills (listening, speaking, reading, and writing). Today, to further enrich the learning experience of the many users of *Integrated Chinese* worldwide, the Cheng & Tsui Company is pleased to offer the revised, updated, and expanded second edition of *Integrated Chinese*. We would like to thank the many teachers and students who, by offering their valuable insights and suggestions, have helped *Integrated Chinese* evolve and keep pace with the many positive changes in the field of Chinese Language instruction. *Integrated Chinese* continues to offer comprehensive language instruction, with many new features.

The Cheng & Tsui Chinese Language Series is designed to publish and widely distribute quality language learning materials created by leading instructors from around the world. We welcome readers' comments and suggestions concerning the publications in this series. Please contact the following members of our Editorial Board, in care of our Editorial Department (e-mail: editor@ cheng-tsui.com).

CONTENTS

Preface ix

Lessons

Lesson 1 1

Lesson 2 7

Lesson 3 15

Lesson 4 23

Lesson 5 35

Lesson 6 45

Lesson 7 53

Lesson 8 63

Lesson 9 73

Lesson 10 81

Lesson 11 87

Lesson 12 101

Lesson 13 113

Lesson 14 121

Lesson 15 129

Lesson 16 139

Lesson 17 147

Lesson 18 157

Lesson 19 171

Lesson 20 185

Indices

Index A (sorted by pinyin). 193

Index B (sorted by lesson and pinyin) 203

PREFACE

This second edition of the *Integrated Chinese Character Workbook* follows the spirit of the textbook and the workbook by presenting the characters in both traditional and simplified forms. Each lesson consists of two parts. The first part shows how new characters are written component by component. The second part provides review exercises that allow students to have fun with the characters and to apply them in a meaningful context. This new edition also provides two new indices for easy reference. The first index is alphabetical, based on pinyin pronunciation, and the second is arranged by lesson.

We would like to express our gratitude for all the comments and suggestions received from teachers and students who used the first edition of the *Character Workbook*. Based on those suggestions, this new edition includes the following changes:

- New characters are shown one component at a time. The order of the components is based on the general principles of the formation of Chinese characters. For components that have not appeared in earlier lessons, the stroke order is also provided.

- When a new character has both a simplified and traditional form, both forms are presented at the beginning of the grids, one after another. The traditional form is presented first, and its simplified equivalent is shown in the smaller box on the left. The simplified form appears directly below the traditional form. In addition, there are practice grids for each form.

- All of the space is devoted to character writing practice. Sentences for recognition or reading have been replaced by character writing exercises.

- Fun, new review exercises have been added to each lesson to help students review and retain characters. The first part of the review exercises consists of character-based crossword puzzles. Students fill out the puzzles based on the pinyin clues provided. The second part of the review exercises provides meaningful contexts for character practice. Students have to transcribe a pinyin passage into Chinese characters, and in order to do so correctly, they need to understand the meaning of the passage.

- The appendices in the first edition have been replaced by two new indices that make characters easier to find; one is arranged alphabetically by pinyin and the other by lesson.

- With the new layout and the new design, the second edition is half of the size of the first edition, while containing more material relevant to character learning than ever before.

We extend our sincere gratitude to Mr. Brian Blackmore for his typesetting guidance, and to Ms. Kristen Wanner at Cheng & Tsui for her support throughout the production process.

We hope you find this new edition useful. We welcome your comments and feedback. Please report any typos or other errors to: **editor@cheng-tsui.com**. Thank you!

IC2 Authors

Lesson 1

jié — to tie; to conclude

結 結 | 糸 糸士 結

jié — to tie; to conclude

結 结 | 纟 纟士 结

zhù — to register; to note

注 註 | 言 註

zhù — to register; to note

註 注 | 氵 注

cè — book

册 | 刀 刑 册

zǔ — ancestors

祖

| 礻 | 祖 | | | | | | | | |

jí — native place; registry

籍

| 竺 | 筆 | 籍 | 籍 | | | | | | |

quán — whole; entirely

全

| 入 | 全 | | | | | | | | |

shěng — to save

省

| 少 | 省 | | | | | | | | |

yóu — cause; to be up to someone or something

由

| 冂 | 冃 | 甶 | 由 | | | | | | |

chù — place; part

處
处

| 虍 | 虙 | 處 | | | | | | | |

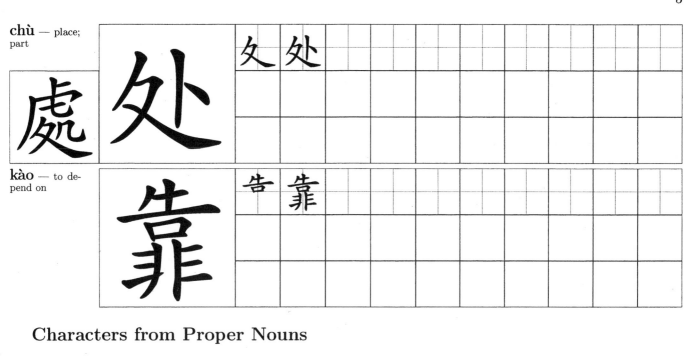

chù — place; part

kào — to depend on

Characters from Proper Nouns

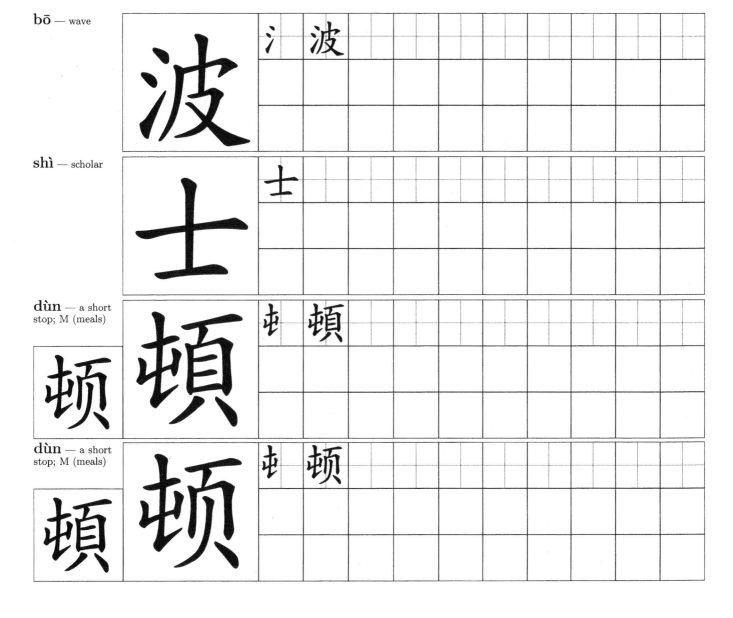

bō — wave

shì — scholar

dùn — a short stop; M (meals)

dùn — a short stop; M (meals)

Kē — (a sur-
name)

柯　　木　柯

Let's Review!

I. Character Crosswords

DOWN

1 xīnshēng yīnggāi zhù zài xiàonèi 2 chūshēng 3 bú jiàn de piányi 4 bù xiǎng bān jiā 5 chū mén kào zìjǐ 6 kāi xué děi zhù cè 7 xùjiè

ACROSS

1 xīnnián 8 shìyìng dàxué shēnghuó 9 zhù zài sùshè hěn fāngbiàn 10 xiàowài bù ānquán 11 guónèi 12 lí kāi jiā de hǎochù shì zìyóu 13 děi bàn shǒuxù 14 jiè qián

II. Pinyin to Characters

Dàxué yī niánjí de xīnshēng kāi xué yǐqián, bìxū bàn

hěn duō shì. Bǐfang shuō, bàn zhùcè shǒuxù, bān jìn

sùshè ... zuò shénme dōu děi kào zìjǐ.

Lesson 2

wū — room; house

屋

尸	屋								

shú — familiar

熟

亠	享	孰	熟						

xī — to know

悉

采	悉								

chuāng — window

窗

宀	窏	窗	窗						

hù — door; household

户

丶	㇆	户							

bǎi — to put; to place

摆　擺 | 扌　扌　擺 |

bǎi — to put; to place

擺　摆 | 扌　扌　摆 |

tǎn — blanket

毯 | 毛　毵　毯 |

guì — cabinet; cupboard

柜　櫃 | 木　朼　櫃 |

guì — cabinet; cupboard

櫃　柜 | 木　柜 |

tiáo — to adjust

调　調 | 言　調 |

tiáo — to adjust

调　栋

讠	调							

dòng — M (buildings)

栋　栋

木	栋							

dòng — M (buildings)

棟　棟

木	棟							

shè — to set up

設　設

言	設							

shè — to set up

设　设

讠	设							

yù — bath

浴

氵	氵	汐	浴					

kǒng — to fear

恐 | 丄 巩 恐

shāng — com-merce

商 | 产 产 商

pǐn — product

品 | 口 吕 品

céng — storey; M (floors)

層 层 | 尸 尸 屄 屃 屃 屉 層

céng — storey; M (floors)

层 層 | 尸 层

hōng — to dry with heat

烘 | 火 烘

tiáo — to adjust

调

讠	调									

栋

dòng — M (buildings)

木	楝									

栋

dòng — M (buildings)

木	栋									

設

shè — to set up

言	設									

设

shè — to set up

讠	设									

浴

yù — bath

氵	汁	汾	浴							

kǒng — to fear

恐

| 工 | 巩 | 恐 | | | | | | | | | |

shāng — commerce

商

| 产 | 产 | 商 | | | | | | | | | |

pǐn — product

品

| 口 | 吕 | 品 | | | | | | | | | |

céng — storey; M (floors)

層

层

| 尸 | 尸 | 吊 | 屈 | 层 | 屫 | 層 | | | | | |

céng — storey; M (floors)

层

層

| 尸 | 层 | | | | | | | | | | |

hōng — to dry with heat

烘

| 火 | 烘 | | | | | | | | | | |

gān — dry

干

乾 | 卓 | 乾 | | | | | | |

gān — dry

乾

干 | 干 | | | | | | | |

bān — same as

般 | 舟 | 般 | | | | | | |

wèi — stom- ache

胃 | 田 | 胃 | | | | | | |

CHARACTER FROM PROPER NOUNS

hàn — writing brush; calligraphy

翰 | 卓 | 𠦚 | 翰 | | | | | |

Let's Review!

I. Character Crosswords

DOWN

1 guìzi li guà zhe yīfu 2 shūjià shang méi fàng dōngxi shì kōng de 3 shāngpǐn 4 shūdiàn 5 chǎo sǐ le 6 ānquán 7 jiù shèbèi

ACROSS

2 shūzhuō kào zhe chuānghu bǎi 5 shàng cèsuǒ 4 shūfáng 3 shāngdiàn 8 yǐzi shang fàng zhe rìyòngpǐn 9 hěn chǎo bù ānjìng 10 kōngtiáo tài jiù le 11 shūfu 12 zhǔnbèi zhù cè

II. Pinyin to Characters

Wǒ zhù de gōngyù, shèbèi hěn xīn, yě yǒu kōngtiáo.

Mǎi rìyòngpǐn, xǐ yīfu, chī fàn, zuò shénme dōu

fāngbiàn de hěn. Búguò, suīrán hǎochù duō shì duō,

kěshì kào mǎlù, fēicháng bù ānjìng. Lìngwài tíng chē

yě bù róngyì. Dāngrán, wǒ yě pà bù ānquán. Wǒ

zhǔnbèi xiàge xuéqī bān jiā. Fángdōng kǒngpà děi zhǎo

xīn fángkè le.

Lesson 3

yuán — original

原

厂	厉	原							

xī — to breathe in

吸

口	吸								

yān — tobacco; smoke

烟 煙

火	炬	煙							

yān — tobacco; smoke

煙 烟

火	烟								

zhēng — to steam

蒸 蒸

艹	芓	芽	苤	莁	蒸				

zhēng — to steam

蒸

蒸

| 艹 | 艼 | 芖 | 菥 | 菾 | 蒸 | | | |

jiè — mustard

芥

芥

| 艹 | 芥 | | | | | | | |

jiè — mustard

芥

芥

| 艹 | 芥 | | | | | | | |

lán — orchid

兰

蘭

| 艹 | 茼 | 蘭 | | | | | | |

lán — orchid

蘭

兰

| 兰 | | | | | | | | |

nèn — tender

嫩

| 女 | 姡 | 嫩 | | | | | | |

bō — spinach	菠	菠	艹	菠									

bō — spinach	菠	菠	艹	菠									

qīng — green; blue		青	圭	青									

bǎn — boss	板	闆	門	闆									

bǎn — board	闆	板	木	板									

yán — salt	盐	鹽	臣	臦	跲	鹵	鹵	鹵	鹵	鹵	鹽		

yán — salt

鹽 盐

土　卜　盐

zhāng — chapter

章

立　章

zǒng — to put together

总　總

糹　綯　總

zǒng — to put together

總　总

丷　台　总

yóu — oil; oily

油

氵　油

dàn — light

淡

氵　氵　淡

Characters from Proper Nouns

méi — plum

木	梅								

Chén — (a surname)

陈

阝	陳								

Chén — (a surname)

陳

阝	陈								

Let's Review!

I. Character Crosswords

DOWN

[1] niúròu hěn nèn [2] zhèjiā cānguǎn de cài fēicháng dìdao [3] tángcùyú bù xīnxian [4] zǒng de lái shuō [5] qīngdàn [6] wèijīng [7] hěn jiànkāng [8] zhènghǎo

ACROSS

[2] zhèpán dòufu hěn yóu [9] mǎshàng huí jiā [10] fànguǎn lǎobǎn [3] táng hěn tián [11] tā de náshǒu cài shì qīngzhēngyú [12] bù xī yān [13] shuōfǎ [14] tāng de wèidao hěn hǎo

II. Pinyin to Characters

Zhè jiā cānguǎn suīrán yǒu kōngtiáo, kěshì shèbèi bǐjiào jiù. Méi shénme náshǒu cài, ròu bú gòu nèn, qīngcài yě bú tài xīnxian. Yán, yóu, wèijīng dōu fàng de bù shǎo. Rúguǒ xiǎng chī qīngdàn de cài, kǒngpà yěxǔ yīnggāi dào bié jiā shì shi.

Lesson 4

xù — pity

恤 | 忄 忄 恤

zǎi — young man

仔 | 亻 仔

wú — not; nothing

无 無 | ⺶ 𠂉 無 無 無

wú — not; nothing

無 无 | 无

lùn — to talk about

论 論 | 言 訡 訡 論 論

lùn — to talk about

論　论

讠	讠	论							

pái — brand

牌

片	牌	牌							

xū — to need

需

雩	需								

fěn — powder

粉

米	粉								

yá — tooth

牙

匸	牙	牙							

gāo — paste

膏

亠	高	膏							

zào — soap

皂

白	皂								

wèi — to guard; to defend

衛

卫

彳	彳	彳	徣	徍	徫	徫	衛		

wèi — to guard; to defend

卫

衛

フ	フ	卫							

jīn — a piece of cloth

巾

门	巾								

yú — in; at; on

於

于

方	於								

yú — in; at; on

于

於

二	于								

huà — to change

化

| 亻 | 化 | | | | | | | | |

zhuāng — to make up; to dress up

妝

妆

| 爿 | 妝 | | | | | | | | |

zhuāng — to make up; to dress up

妆

妝

| 丬 | 妆 | | | | | | | | |

gòu — to purchase

购

購

| 貝 | 則 | 購 | | | | | | | |

gòu — to purchase

購

购

| 贝 | 购 | 购 | | | | | | | |

duǎn — short

短

| 矢 | 短 | | | | | | | | |

hòu — thick

厚　　厂　厚

bó / báo — thin

薄　　艹　艻　蒲　薄

bó / báo — thin

薄　　艹　艻　蒲　薄

chún — pure

純　　糹　純

chún — pure

纯　　纟　纯

mián — cotton

棉　　木　棉　棉

zhì / zhí — quality

质 | 質 | 所 質

zhì / zhí — quality

質 | 质 | 厂 斤 质

liàng — quantity

量 | 日 旦 量

tiāo — to pick up; to select

挑 | 扌 扒 挑

tī — to get rid of

剔 | 日 易 剔

biāo — mark

标 | 標 | 木 桾 標

biāo — mark

標 标 | 木 | 标

lián — inexpensive

廉 | 广 | 产 | 庐 | 庯 | 廉

hū — (a verb suffix)

乎 | 一 | 亚 | 乎

zhēng — to dispute

争 爭 | 爭

zhēng — to dispute

爭 争 | 争

péi — to accompany

陪 | 阝 | 陪

shuì — tax

税

禾　税

zhī — (a particle)

之

丶　亠　之

qiān — to sign; to autograph

签　簽

𥫗　簽

qiān — to sign; to autograph

簽　签

𥫗　签

jù — according to

据　據

扌　扩　據

jù — according to

據　据

扌　护　据

Characters from Proper Nouns

dí — to en-lighten

迪

由	迪									

dá — to reach

达 | 達

土	幸	達								

dá — to reach

達 | 达

大	达									

sī — this

斯

其	斯									

Let's Review!

I. Character Crosswords

DOWN

1 bù qiān zì 2 míngpái de yīfu jiàqian bù piányi 3 tā mǎi dōngxi de biāozhǔn bù gāo 4 gòuwù zhōngxīn 5 shuì hěn zhòng 6 tā zhǎng de fēicháng piàoliang 7 shìyìng dàxué shēnghuó

ACROSS

1 bú zàihu páizi 8 mǎi lǐwù 9 yùndòngfú bú shì chúnmián de 5 shuì duōshao qián 10 chángduǎn bù héshì 11 fāngbiàn 12 zhǎngdà 13 píngcháng 14 chūshēng

II. Pinyin to Characters

Xiǎo Lín mǎi dōngxi tèbié tiāoti, wúlùn shì yánsè, yàngzi, páizi, zhìliàng shénme de, tā de biāozhǔn dōu hěn gāo. Nándào tā jiù bù guǎn jiàqian duōshao le ma? Qíshí tā yě hěn zàihu jiàqian, fēi mǎi wù měi jià lián de dōngxi bù kě. Suǒyǐ měicì péi tā qù gòuwù zhōngxīn dōu děi huā hěn duō shíjián cái mǎi de dào héshì de.

Lesson 5

xuǎn — to choose	選 选	巴	巽	選							

xuǎn — to choose	选 選	先	选								

yǎ / yà — (short for Asia)	亞 亞	一	丆	亇	吊	吊	吊	亞			

yǎ / yà — (short for Asia)	亞 亚	一	丌	亚	亚						

shǐ — history	史	口	史	史							

tǒng — to gather into one

统　統　　糸　統

tǒng — to gather into one

統　统　　纟　统

fǎn — to turn over

反　　厂　反

shòu — to confer

授　　扌　护　授

tǎo — to discuss

讨　討　　言　討

tǎo — to discuss

討　讨　　讠　讨

kěn — to consent (to)	肯	止 肯								
zhì — to; until	至	云 至								
bì — to complete 毕	畢	旦 旦 昌 昌 畢								
bì — to complete 畢	毕	比 毕								
xì — department (in a college); system	系	一 系								
yán — to study	研	石 研								

jiū — to examine

究　究

yuàn — institute; courtyard

阝　院

guǎn — to manage

⺮　管

kē — (an academic field)

禾　禾　科

zhuàn — to make a profit

赚

貝　賺

zhuàn — to make a profit

赚

贝　赚

jiāo — to associate with

交　亠　交

ài — (an exclamation)

唉　口　唉

zhé — wise

哲　折　哲

shēn — to express; to explain

申　曰　申

lǜ — to consider; to ponder

慮　虑　慮

lǜ — to consider; to ponder

慮　虍　慮

lǚ — shoe; foot-steps; to carry out

履

尸　履

lì — experience

历　歷

厂　厤　歷

lì — experience

歷　历

厂　历

zán — we (incl.); I; me

咱

口　咱

jiàn — to setup; to construct

建

聿　建

yì — opinion; to talk over

议　議

言　詳　議

yì — opinion; to talk over

議 议

议	议	议	议							

Let's Review!

I. Character Crosswords

DOWN

1 fǎnfù tǎolùn jǐge zhéxué wèntí   2 zhǐdǎo jiàoshòu jiànyì wǒ xuǎn tǒngjìkè   3 shēnqǐng shàng lìshǐ yánjiūsuǒ   4 Kē Lín kǎolǜ xuǎn wùlǐ zuò zhuānyè

ACROSS

5 shǒuzhǐ cháng   6 tā jiāo Dōngyàshǐ   7 kǎo shì   8 wúlùn   9 guǎnlǐxì   10 Lǐ Zhé kěndìng xuǎn diànnǎo   11 wǒ jìhuà míngnián bì yè

II. Pinyin to Characters

Wǒ yǐjīng shēnqǐng shang le guǎnlǐxuéyuàn de yánjiū suǒ. Búguò shǔjià jiéshù yǐhòu, wǒ bù kǎolǜ mǎshàng bàn zhù cè shǒuxù. Wǒ zhǔnbèi xiān dào shāngdiàn huòzhě gòuwù zhōngxīn shíxí, yǒu diǎn gōngzuò jīngyàn zài huí xuéxiào niàn shū. Wǒ de fùmǔ yǐjí zhǐdǎo jiàoshòu kěndìng bù tóngyì. Wǒ shòu bu liǎo gēn tāmen zhēnglùn, háishi bié gàosù tāmen ba!

Lesson 6

tī — ladder; stair

梯 | 木 | 梯

láng — corridor

廊 | 广 | 庐 | 廊

shēng — sound

声 聲 | 士 | 吉 | 声 | 吉 | 声 | 殸 | 聲

shēng — sound

聲 声 | 士 | 吉 | 声 | 吉 | 声

zhāo — to beckon

招 | 扌 | 招

hū — to call

呼

口	呼									

gé — to partition

隔

阝	阼	阡	隔	隔						

bì — wall

壁

启	辟	壁								

jī — to stimulate

激

氵	激	激								

hǎn — to cry out

喊

口	喊									

xiǎng — sound; noise

響
响

乡	绉	鄉	響							

xiǎng — sound; noise

響　响

| 口 | 响 | | | | | | | | | | |

fān — to turn over

翻

| 番 | 翻 | | | | | | | | | | |

lán — column; banister

栏　欄

| 木 | 椚 | 欄 | | | | | | | | | |

lán — column; banister

欄　栏

| 木 | 栏 | | | | | | | | | | |

shāo — a little

稍

| 禾 | 稍 | | | | | | | | | | |

wēi — tiny; minute

微

| 彳 | 彴 | 徉 | 微 | | | | | | | | |

jiē — street

街   彳   往   街

yù — education

育   云   育

mí — fan; to be fascinated by

迷   米   迷

mán — to hide the truth from

瞒   瞒   目   瞒

mán — to hide the truth from

瞒   瞒   目   盰   瞒

bāo — to include

包   勹   包

huán — to surround

環 / 环

王　環

---

huán — to surround

环 / 環

王　环

---

jìng — area; situation

境

土　境

---

ng — (an interjection)

嗯

口　咽　嗯

---

tōng — through; to lead to

通

甬　通

Characters from Proper Nouns

dé — virtue; morals

德

彳　德

sēn — forest

森	木	朩	森								

Let's Review!

I. Character Crosswords

DOWN

1 kāi wánxiào   2 gàosù Kē Lín bié zài zǒuláng li dǎ lán-qiú   3 huánjìng hěn lǐxiǎng   4 Zhōngguóchéng   5 gébì de tóngxué dà hǎn dà jiào   6 kàn diànyǐng   7 yùndòngchǎng

ACROSS

8 fān kāi bàozhǐ de guǎnggào lán   9 shùlín li hěn ānjìng 10 chéngwài de hé   11 dàshēng de dǎ zhāohu   12 wòshì bú dà   6 kàn qiúsài hěn jīdòng   13 shòu yǐngxiǎng

II. Pinyin to Characters

Bù mán nǐ shuō, wǒ zhù de huánjìng bìng bù lǐxiǎng.

Gébì zhù le yíge lánqiúmí, bǐsài shāowēi jǐnzhāng

yìdiǎnr, tā jiù jīdòng de dà hǎn dà jiào. Búdàn

yǐngxiǎng wǒ xuéxí, yǒu shíhou yě ràng wǒ shuì bu

hǎo jiào. Zuìjìn wǒ zhèngzài kǎolǜ bān jiā. Zhěngtiān

fān bàozhǐ guǎnggào, xīwàng gǎnjǐn zhǎo dào héshì de

gōngyù bān zǒu. Qíshí wúlùn dàxiǎo, xīn jiù, fángzū

duōshao, wǒ dōu bìng bù tiāoti, zhǐyào ānjìng jiù xíng.

Nǐ yǒu méiyou shénme hǎo de jiànyì?

Lesson 7

nào — to stir up trouble	鬧	二	干	王	耂	耂	鬥	鬥	鬥	鬧	
鬧											
nào — to stir up trouble	闹	门	闹								
闹											
qíng — feeling	情	忄	情								
xiáng — detailed	詳	言	詳								
详											
xiáng — detailed	详	讠	详								
详											

xì — thin; fine

細　細　糸　細

xì — thin; fine

細　细　糹　细

kuàng — condition

況　況　氵　況

kuàng — condition

況　況　氵　況

xìng — nature; character

性　忄　性

gé — character; style

格　木　格

lǎng — bright

朗

| 良 | 朗 | | | | | | | |

pí — spleen

脾

| 月 | 脾 | | | | | | | |

zào — rash; restless

躁

| 足 | 踩 | 躁 | | | | | | |

qù — interest; amusement

趣

| 走 | 趎 | 趣 | | | | | | |

xì — play; drama

戲   戏

| 卢 | 虘 | 戲 | | | | | | |

xì — play; drama

戏   戲

| 又 | 戏 | | | | | | | |

gǔ — ancient; classical

古　古

yáo — to shake

摇　扌　扩　挥　摇

gǔn — to roll

滚　氵　氵　滚

xiāng — each other

相　木　相

bèi — back

背　北　背

ò — (an interjection)

噢　口　喲　噢

zuì — drunk

醉

酉	醉								

lí — severe

厉 厲

厂	厃	厏	厔	厲	厲	厲	厲		

lí — severe

厲 厉

厂	厉								

hài — harmful

害

宀	宔	害							

jìng — mirror

镜 鏡

金	鏡								

jìng — mirror

鏡 镜

钅	镜								

pò — broken

破

石	破								

chuī — to blow; to break up

吹

口	吹								

guài — to blame; strange

怪

忄	怀	怪							

tǐng — quite

挺

扌	拝	挺							

huǐ — to regret

悔

忄	悔								

biē — to suppress

憋

丶	宀	尚	敝	憋					

tán — to talk

谈 | 談

| 言 | 談 | | | | | | | | | |

tán — to talk

谈 | 谈

| 讠 | 谈 | | | | | | | | | |

Characters from Proper Nouns

lì — beautiful

丽 | 麗

| 一 | 丆 | 帀 | 帀 | 丽 | 严 | 严 | 严 | 严 | 麗 | |

lì — beautiful

麗 | 丽

| 一 | 丽 | | | | | | | | | |

shā — (a kind of grass)

莎 | 莎

| 艹 | 艻 | 莎 | | | | | | | | |

shā — (a kind of grass)

莎 | 莎

| 艹 | 艻 | 莎 | | | | | | | | |

Let's Review!

I. Character Crosswords

DOWN

1 shìqing 2 tā jīngcháng nào píqi 3 hē zuì jiǔ le 4 tā hěn hòuhuǐ bǎ jìngzi dǎ pò le 5 bié chǎo jià 6 wèidao 7 tā shì xìmí 8 jiāotōng bù fāngbiàn 9 lùkǒu

ACROSS

10 tā xīnqíng bù hǎo jīngcháng zuì de hěn lìhai 5 bié gēn zhīdǎo jiàoshòu nào fān le 11 gēn bìngrén dǎ jiāodào 7 tāmen liǎngge jiāowǎng xiāngchǔ le bànnián 12 xìnggé bù kāilǎng 13 mí lù 14 piányi

II. Pinyin to Characters

Xiǎo Kē xìnggé bù hǎo, píqi jízào, chángcháng gēn rén chǎo jià chǎo de lìhai. Jīdòng de shíhou hái dǎ pò jìngzi, chuānghu shénme de. Nánguài wúlùn shì lǎobǎn, fángdōng, háishì zhù tā gébì de dōu gēn tā xiāngchǔ de bù hǎo. Zuìjìn tā yòu gēn zhǐdǎo jiàoshòu nào fān le, xiángxì qíngkuàng bú tài qīngchu, búguò huì yǐngxiǎng tā bì yè. Suīrán tā tǐng hòuhuǐ de, kěshì yǐjīng lái bu jí le.

Lesson 8

táng — hall

堂

半	尚	堂							

yì — art; skill

藝 艺

艹	蓺	蓺	藝						

yì — art; skill

艺 藝

艹	艺								

shù — art; method

術 术

彳	秫	術							

shù — art; method

术 術

木	术								

ǒu — occasionally; by chance

偶

イ 偶

ěr — like that

尔 爾

个 ホ 币 爾 爾

ěr — like that

爾 尔

ケ 尔

jì — record

纪 紀

糸 紀

jì — record

纪 纪

乡 纪

xián — idle; unoccupied

闲 閑

門 閑

xián — idle; unoccupied

闲

门	闲								

pín — frequency

頻

步	頻								

pín — frequency

频

步	频								

bō — to broadcast

播

扌	採	播							

wén — news; to hear

聞

門	聞								

wén — news; to hear

闻

门	闻								

tóng — child

立 童

yǐn — to cause; to induce

弓 引

mó — pattern

木 栌 模 模

mó — pattern

木 栌 模 模

fǎng — to imitate; to copy

亻 仿

chái — firewood

止 此 柴

| zāi — disaster | 災 | 災 | ⺍ | 災 | | | | | | | |
| 災 | | | | | | | | | | | |

| zāi — disaster | 灾 | 灾 | 宀 | 灾 | | | | | | | |
| 灾 | | | | | | | | | | | |

| luàn — disorderly | 亂 | 亂 | 孚 | 爭 | 矞 | 亂 | | | | | |
| 乱 | | | | | | | | | | | |

| luàn — disorderly | 乱 | 乱 | 舌 | 乱 | | | | | | | |
| 乱 | | | | | | | | | | | |

| miǎn — to avoid | 免 | | ⺈ | 免 | | | | | | | |
| 免 | | | | | | | | | | | |

| xiàng — toward | 向 | | 冂 | 向 | | | | | | | |
| 向 | | | | | | | | | | | |

qiāng — gun

枪 槍

木	朴	槍						

qiāng — gun

槍 枪

木	朴	枪						

jiè — excuse

借 藉

艹	藉							

jiè — excuse; to borrow

藉 借

亻	借							

fù — to bear

负 負

⺈	負							

fù — to bear

負 负

⺈	负							

zé — duty

責

責

圭	責								

zé — duty

责

责

圭	责								

rèn — assignment

任

亻	任								

máo — lance

矛

⼦	予	予	矛						

dùn — shield

盾

厂	盾								

wēi — might; by force

威

厂	厉	威							

xié — to force

脅 | 脅

胁

xié — to force

月 | 胁

脅

zhà — to blow up; to bomb

火 | 炸

炸

gǎn — to dare

丁 | 耳 | 敢

敢

Characters from Proper Nouns

má — sesame

艹 | 芦 | 蔴

蔴 | 麻

má — sesame

广 | 麻

麻 | 蔴

Let's Review!

I. Character Crosswords

DOWN

1 nǚ'ér 2 shòu jiàoyù 3 zhǎngdà 4 yìshù diànyǐng 5 tā gāoxìng de mófǎng diànshì li de kǎtōng rénwù 6 yǐnqǐ huǒzāi 7 wǒ ǒu'ěr kàn diǎn xīnwén 8 bù gǎn fù zérèn

ACROSS

9 értóng shòu dàren yǐngxiǎng 10 tǐyù jiémù yǐn bu qǐ wǒ de xìngqu 8 bú yào wán huǒchái 12 shèbèi hěn xīn 13 shēnqǐng xìnyòngkǎ 14 bié yòng qiāng wēixié rén

II. Pinyin to Characters

Wǒ de tóngwū búdàn píqì jízào, érqiě hái chángcháng

shuō yì xiē bú fù zérèn, guài biéren de huà. Bǐfāng

shuō, tā guài wǒ kàn diànshì tài chǎo, yǐngxiǎng tā

xuéxí. Qíshí wǒ jīhū shénme diànshì jiémù dōu bú kàn.

Tā rènwéi wǒ de fángjiān luàn qī bā zāo, yīnggāi duō

zhěnglǐ. Qíshí tā zìjǐ cónglái bù dǎsǎo. Tā yàoshì gǎn

zài zhǎo wǒ de máfan, wǒ jiù gēn tā fān le!

Lesson 9

dài — period; generation

代 | 亻 | 代 | | | | | | | |

yí — to move

移 | 禾 | 移 | | | | | | | |

céng — once before

曾 | 曾 | | | | | | | | |

lù — land

陸 陆 | 阝 | 阡 | 陸 | | | | | | |

lù — land

陸 陆 | 阝 | 阝 | 阡 | 陆 | | | | | |

què — really; indeed

確

确

石　矿　碻

què — really; indeed

确

確

石　矿　确

fǒu — no; not

否

不　否

zé — then

則

则

貝　則

zé — then

则

則

贝　则

sàn — to distribute; to let out

散

卄　肯　散

àn — coast; bank

岸

山	丿	岸					

nì — to be bored with

腻 腻

月	腻	腻					

nì — to be bored with

腻 腻

月	腻	腻					

lú — stove

炉 爐

火	炉	爐					

lú — stove

爐 炉

火	炉						

gū — father's sister

姑

女	姑						

jì — since; al-
ready

既　既

tàng — M
(trips)

走　趟

dāi — to stay

彳　往　待

bài — to pay
respect; to wor-
ship

手　拜

lǐng — to lead

令　领

領

lǐng — to lead

令　领

领

zhǐ — location

土 址

Characters from Proper Nouns

mò — ink

黑 墨

dì — the base of a fruit

蒂

艹 茊 蒂

dì — the base of a fruit

蒂

艹 茊 蒂

fū — man

夫

夫

Let's Review!

I. Character Crosswords

DOWN

1 Měiguó de dōng xī àn dōu yǒu Zhōngguó de lǐngshì-guǎn 2 tā de lǚxíng lùxiàn búcuò 3 zài shùlín li sàn bù bú rè 4 nàge dǎoyóu hǎoxiàng hěn máng

ACROSS

5 bàn Měiguó hùzhào quèshí hěn kuài 6 jiǔshí niándài de yīnyuè wǒ tīng nì le 7 hé de liǎng àn dōu shì shùlín 8 tā yínháng li yǒu qián 9 pǎo bù 10 yóukè 11 rè de xiàng huǒlú 12 shàng tàng túshūguǎn

II. Pinyin to Characters

Xiǎo Wáng céngjīng zài lǚxíngshè dāi guo. Búdàn dìng

guo jīpiào, jìhuà guo rìchéng lùxiàn, hái dāng guo

dǎoyóu. Tā fēicháng fù zérèn. Wúlùn hùzhào,

qiānzhèng, bàn shénme shǒuxù dōu shífēn shúxi. Gēn

kèrén, lǐngshìguǎn yǐjí hángkōng gōngsī de zhíyuán yě

dōu xiāngchǔ de hěn hǎo. Dàjiā dōu yuànyì gēn tā dǎ

jiāodào.

Lesson 10

guàng — to stroll

犭　狂　逛

qí — strange; rare

大　奇

lì — advantage

禾　利

pái — to arrange; to put in order

扌　排

duì — a line (of people)

阝　阝ケ　隊

duì — a line (of people)

隊　队

阝　队

lún — to take turns

轮　輪

車　輪

lún — to take turns

輪　轮

车　轮　轮

chèn — to take the opportunity

趁

走　趁

tǒng — a thick tube-shaped object

筒

竹　筒

què — however

却　卻

谷　卻

què — however

却 卻

去　却

chǎn — product

產 产

产　產

chǎn — product

产 產

产

guǒ — to wrap

裹

一　東　裹

lián — to join

聯 联

耳　聯　聯　聯　聯　聯

lián — to join

联 聯

耳　联

bǐng — a round flat cake

餅　餅

食　餅

bǐng — a round flat cake

餅　饼

饣　饼

wàn — ten thousand

万　萬

艹　萬

wàn — ten thousand

萬　万

一　万

diū — to lose; to mislay

丢

一　丢

Let's Review!

I. Character Crosswords

DOWN

1 wǒmen pái duì fù qián 2 wànyī hùzhào diū le gǎn-kuài gěi lǐngshìguǎn dǎ diànhuà 3 shàng jiē mǎi tèchǎn 4 pāi diànbào 5 lún dào gēge xǐ yīfu 6 jì lù kōng liányùn 7 rúguǒ

ACROSS

1 wǒ ǒu'ěr guàng yícì jiē 8 tèbié 9 lánqiúduì 10 fù shuǐdiànfèi le 11 shěng qián 12 gǎnjǐn bàn qiānzhèng 13 dào yóujú gěi gūmā jì tángguǒ 14 pà yùndòng 15 fúwù

II. Pinyin to Characters

Wǒ hěn jiǔ yǐqián céngjīng qù guo yí tàng dàlù, chū

chāi zuò shēngyì shùnbiàn lǚxíng, yìnxiàng hái búcuò.

Jiùshì tǐng qíguài de, wúlùn qù yóujú, diànyǐngyuàn,

háishì tǐyùchǎng, dàochù dōu bù pái duì, luànqībāzāo

de. Shénme shíhou lúndào zìjǐ, yìdiǎn dōu bù kěkào.

Búguò jùshuō jiǔshí niándài yǐlái, qíngkuàng lǐxiǎng

duō le. Diànshì jiémù jiàoyù dàjiā bié jízào, bié jīdòng,

děi pái duì. Jiéguǒ shòu le hǎo yǐngxiǎng, dàjiā màn

mān de bú zài zhǎo jièkou, duì zìjǐ de xíngwéi bǐjiào fù

zérèn, yuànyì pái duì de rén yuè lái yù duō.

Lesson 11

lǎn — to view	覽	览	臣	臤	臨	覽							

lǎn — to view	览	览	丨	此	览								
覽													

shèng — superb; to win	勝	胜	月	胖	朕	勝							

shèng — superb; to win	胜	胜	月	胜									
勝													

jì — remains; mark	蹟	迹	𧾷	蹟									

jì — remains; mark

蹟　迹

亠　亣　亦　迹

gù — incident; happening

故

古　故

jǐ — crowded; to push against

挤　擠

扌　扩　护　掃　掂　擠

jǐ — crowded; to push against

擠　挤

扌　扗　挤

dù — degree

度

广　庀　度

zhù — to construct

筑　築

𥫗　笁　筑　築

zhù — to construct	築	筑		竹	笁	筑								

zhǎi — narrow	窄	窄		穴	窄									

miào — wonderful	妙	妙		女	妙									

líng — age	齡	齡		止	歨	齿	齿	齡						

líng — age	齡	龄		止	步	齿	龄							

zhū — pearl	珠			王	珠									

hěn — vigor-ous

狠

犭　狠

dèng — to glare

瞪

目　眵　瞪

hú — lake

湖

氵　沽　湖

huá — to pad-dle

划

弋　划

chuán — boat

船

舟　舟ﾞ　船

qiáng — wall

墙　牆

丬　爿　牆ﾞ　牆

qiáng — wall	牆	墙	圡	圤	埥	墙							
shēn — deep		深	氵	깊	深								
líng — mausoleum; hill		陵	阝	阹	陕	陵								
mù — tomb	墓	墓	艹	苩	莫	墓								
mù — tomb	墓	墓	艹	苩	莫	墓								
zhuàng — magnificent	壯	壮	爿	壯										

zhuàng — magnificent

壮

| 丬 | 壮 | | | | | | | |

guān — to watch; sight

观

| 雚 | 觀 | | | | | | | |

guān — to watch; sight

觀

| 又 | 观 | | | | | | | |

cuī — to hurry; to urge

催

| 亻 | 仏 | 催 | | | | | | |

liàn — to feel attached to; love

恋

| 糹 | 結 | 戀 | 戀 | | | | | |

liàn — to feel attached to; love

戀

| 亦 | 恋 | | | | | | | |

shě — to part with	舍	捨	扌	捨						
shě — to part with	捨	舍	舍							
tū — suddenly		突	宀	突						
zàng — to bury	葬	葬	艹	茐	葬					
zàng — to bury	葬	葬	艹	茐	葬					
rěn — to bear; to put up with		忍	刃	忍						

hā — (the sound of laughing)

哈

口	哈								

wěi — great

伟　偉

亻	伊	偉							

wěi — great

偉　伟

亻	伟								

bēi — stele

碑

石	碑								

xí — daughter-in-law

媳

女	媳	媳							

fù — woman

妇　婦

女	女ᵖ	妈	婦						

fù — woman	婦	妇	女	妇								

mì — mysterious	秘	秘	禾	秘								

mì — secret	密	密	宀	宓	密							

jìng — to respect	敬	敬	艹	苟	敬							

jìng — to respect	敬	敬	艹	苟	敬							

miào — temple	庙	廟	广	庐	廟							

miào — temple

廟　庙　　广　庙

Characters from Proper Nouns

Qín — Qin (a dynasty)

秦　　夫　秦

Huái — Huai (a river)

淮　　氵　淮

xuán — dark; abstruse

玄　　二　玄

wǔ — military

武　　二　玉　武

fēi — concubine

妃　　女　妃

chí — pool

池　氵　池

Let's Review!

I. Character Crosswords

DOWN

[1] shǔjià qù Nánjīng yóulǎn míngshèng gǔjì [2] tā duì Fūzǐmiào de jiànzhù yìnxiàng hěn shēn [3] Xiǎo Lín liàn liàn bù shě de líkāi le Zhōngshān Líng [4] tā zhīdao xǔduō mìmì [5] wěidà [6] chéngqiáng

ACROSS

[7] fàng jià [8] pái duì huá chuán yóu hú de rén bú tài duō [9] kāi wánxiào [10] Zhōngguóchéng [11] dà rénwù de língmù

II. Pinyin to Characters

Zuìhǎo bú yào chèn Zhōngguó de <u>wǔ yī</u> huòzhě <u>shí yī</u>
五一   十一

<u>huángjīnzhōu</u> qù dàlù lǚyóu. Yīnwèi dàjiā dōu fàng
黄金週/黄金周

jià, gèdì de míngshèng gǔjì dōu jǐ mǎn le rén. Wúlùn

kàn miào, kàn jiànzhù, kàn chéngshì, shàng shān, háishi

shàng cèsuǒ, dōu děi pái duì, dōu yǒu rén cuī, ràng rén

shòu bu liǎo.

Lesson 12

chén — morning

日 尸 晨

晨

hé — lotus

艹 艻 荷

荷　荷

hé — lotus

艹 艻 荷

荷　荷

dài — to put on accessories (besides shoes)

土 声 專 戴

戴

sú — custom

亻 仲 俗

俗

fēng — abun-dant

丰　　豐

| 丨 | 拝 | 韭 | 豐 | | | | | | | |

fēng — abun-dant

豐　　丰

| 丰 | | | | | | | |

shèng — plen-teous

盛

| 成 | 盛 | | | | | |

jī — chicken

鸡　　鶏

| 幺 | 幺 | 奚 | 鶏 | | | | |

jī — chicken

鶏　　鸡

| 又 | 鸟 | 鸡 | | | | |

yā — duck

鸭　　鴨

| 甲 | 鴨 | | | | | |

yā — duck

鴨

鴨 | 甲 鸭

gēn — root

根

根 | 木 根

duān — to hold level; to carry

端

端 | 立 屵 端

zòng — rice dumpling

粽

粽 | 米 粽

guān — government official

官

官 | 宀 官

yōu — to worry about

忧 憂

憂 | 百 百 惪 憂

yōu — to worry
about

憂　忧

忄　忧

tóu — to throw

投

扌　投

jiāng — big
river

江

氵　江

shā — to kill

杀　殺

㐅　杀　杀　殺

shā — to kill

殺　杀

㐅　杀

shī — poetry

诗　詩

言　詩

shī — poetry

诗

诗 | 讠 | 诗

shén — god; spirit

神 | 礻 | 神

jì — to offer sacrifices

祭 | 夕⺈ | 祭

sì — to offer sacrifices

祀 | 礻 | 祀

lóng — dragon

龍 | 龙 | 立 | 音 | 苛 | 龍 | 龍

lóng — dragon

龙 | 龍 | 丆 | 龙 | 龙

xiàng — be like; image; symbol

象

ク 争 象

zhēng — evidence

征 徵

彳 彳 徍 徵

zhēng — evidence

徵 征

彳 征

jiù — to save

救

求 救

chuán — to pass on

传 傳

亻 俥 傳

chuán — to pass on

傳 传

亻 传

biān — whip

鞭

革	鞭

pào — cannon

炮

火	炮

nóng — agriculture

農　农

曲	農

nóng — agriculture

农　農

宀	农

lì — calendar

曆　历

厂	厤	曆

lì — calendar

历　曆

厂	历

xiāo — night

宀 宓 宵

tuán — to unite

冂 冒 團 團

tuán — to unite

冂 闭 团

jǐn — to the greatest extent

亻 伊 佡 儘

jǐn — to the greatest extent

尺 尽

shǎng — to appreciate

⺌ 賞 賞

shǎng — to
appreciate

赏　　　丷　尚　赏

CHARACTER FROM PROPER NOUNS

Qū — (a sur-
name)

屈　　　尸　屈

Let's Review!

I. Character Crosswords

DOWN

1 shǒu lǐ duān zhe yì pán jī 2 zhēngyuè shí wǔ shì Dēng Jié 3 sài lóngzhōu xiàngzhēng zhe lǎobǎixìng jí zhe jiù Qū Yuán 4 qǐng zhǔnbèi yí dùn fēngshèng de zǎocān 5 yuán yuán de yuèliang 6 dòngrén

ACROSS

7 lánqiú bǐsài 4 qǐng fàng biānpào 8 yuèbǐng xiàngzhēng zhe yì jiā tuányuán 9 shǎng yuè 10 Duānwǔ Jié 11 zǎochen 12 zháo jí 13 yuánlái tā shì ge shīrén

II. Pinyin to Characters

Zhōngguó de chuántǒng jiérì dōu shì lǎobǎixìng huí

jiā tuányuán de rìzi. Wúlùn kàn de shì huā dēng, sài

花

lóngzhōu, háishi yuèliang, chī de shì yuánxiāo, zòngzi,

yuèbǐng, jī yā yú ròu, háishi qīngcài, zuì zhòngyào de

shì jǐnkěnéng gēn jiārén yì qǐ guò jié.

Lesson 13

jì — quiet

寂

宀 宋 寂

mò — lonely; deserted

寞 寞 寞

宀 宺 寈 寞

mò — lonely; deserted

寞 寞 寞

宀 宺 寈 寞

shī — to lose

失

丿 失

qiáng — strong

强 强 强

弓 弨 强

qiáng — strong

強 強

弓	弜	强							

fù — wealthy; abundant

富

宀	官	富							

zhuī — to pursue; to give chase

追

㠯	追								

miǎo — second

秒

禾	秒								

yíng — to win

贏 贏

亠	吂	肻	贏	贏					

yíng — to win

赢 赢

亠	吂	肻	赢	赢					

jué — to decide

決 | 決

氵 | 決

jué — to decide

決 | 決

氵 | 決

dào — (indicating concession)

倒

亻 | 倒

cǎi — color; splendor

彩

采 | 彩

zhǎn — exhibition; to spread out

展

尸 | 屉 | 展

shì — world; era

世

一 | 廿 | 世

jiè — boundary

界

田	界	界					

cǐ — this; here and now

此

止	此						

gǎn — to feel

感

咸	感						

jiāo — proud

驕　骄

馬	馿	駩	驕				

jiāo — proud

骄　驕

马	驿	骄					

ào — haughty

傲

亻	件	倿	傲				

| **guāng** — light | 光 | 半 | 光 | | | | | | | |

| **róng** — to flourish; glory 荣 | 榮 | 炏 | 炏 | 榮 | | | | | | |

| **róng** — to flourish; glory 榮 | 荣 | 艹 | 艹 | 荣 | | | | | | |

| **qǔ** — to get | 取 | 耳 | 取 | | | | | | | |

| **jì** — accomplishment 绩 | 績 | 糹 | 績 | | | | | | | |

| **jì** — accomplishment 績 | 绩 | 纟 | 绩 | | | | | | | |

yì — benefit

兴	益											

益

yù — reputation; fame

誉

E	臼	臼	與	與	譽							

譽

yù — reputation; fame

譽

兴	誉											

誉

Characters from Proper Nouns

ào — profound

冂	奥	奧										

奧

pǐ — to be a match for

一	兀	匹										

匹

kè — to overcome

十	古	克										

克

Let's Review!

I. Character Crosswords

DOWN

1 zhǐdǎo jiàoshòu wèi wǒ de biǎoxiàn gǎn dào jiāo'ào
2 jīngcǎi de juésài 3 chī le yí dùn fēngshèng de tuányuán-
fàn 4 chéng qiān shàng wàn de qiúmí shàng jiē qìngzhù 5
zhēng róngyù 6 tǐng jīdòng de 7 tǐhuì dào

ACROSS

8 shū le bié shīwàng 9 jiàoliàn de bǐsài jīngyàn hěn
fēngfù 10 qǔdé le guāngróng de chéngjì 11 wǒ yíng le
12 yí ge rén chī fàn tǐng jìmò de 13 gǎn dào guāngróng
7 tǐyù yùndòng 14 xìmí 15 guàng jiē 16 qìngzhù

II. Pinyin to Characters

Jiàoliàn chángcháng gàosù duìyuán, yùndòng yǒuyì yú shēntǐ jiànkāng. Yùndòng dìyī shì wèile qiángshēn,
强身/强身
ránhòu cái shì wèile zhēng róngyù. Píngcháng hǎo hāo liànxí, bǐsài wúlùn shū yíng, tā dōu huì wèi qiúyuán de biǎoxiàn gǎn dào jiāo'ào.

Lesson 14

tíng — court-yard

庭

广 庄 庭

jì — skill

技

扌 技

dú — single; alone

獨

独

犭 犭 犭 獨

dú — single; alone

独

獨

犭 独

shū — father's younger brother

叔

卡 叔

hūn — marriage; wedding

婚

女　妡　婚

ma — (a particle)

嘛

旷　嘛

cāo — to grasp; to operate; to drill; to exercise

操

扌　揖　操

chǎng — factory

厂 廠

广　厇　廠

chǎng — factory

厂 廠

厂

tuì — to move back

退

艮　退

xiū — to rest; to stop

亻 休

bàn — companion; partner

亻 伴

sǎo — elder brother's wife

女 奻 奻 奻 婵 嫂

chòng – abrupt; blunt

亻 衝 衝

冲

chòng – abrupt; blunt

冫 冲

衝

huà — to draw; picture

聿 畫 畫

画 畫

huà — to draw; picture	画	一	甶	画									
畫													

mà — to scold	駡	叩	駡										
駡													

mà — to scold	骂	叩	骂										
駡													

lǎn — lazy	懒	忄	悚	懒									
懒													

lǎn — lazy	懶	忄	悚	懒									
懶													

zhuàng — plaint; account	狀	爿	狀										
状													

zhuàng — plaint; account

狀

斗 狀

chōu — to take out

抽

扌 抽

jū — to occupy

居

尸 居

Characters from Proper Nouns

ēn — benevo-lence

恩

因 恩

huì — kind; gracious

惠

東 惠

líng — exquisite

玲

王 玲

Let's Review!

I. Character Crosswords

DOWN

[1] értóng gùshi [2] dānqīn jiātíng duì háizi de yǐngxiǎng bú tài hǎo ma [3] tuì xiū yǐhòu zhǎo gōngzuò hěn nán [4] biǎogē hé biǎosǎo nào lí hūn [5] Xiǎo Zhāng jūrán huì huà huàr [6] dāngshí [7] jiéguǒ

ACROSS

[8] fànguǎnr de càidān [9] jiāzhǎng [10] zhǎo lǎobàn [4] biǎosǎo mà háizi [11] pópo hé xífù de guānxi hěn jǐnzhāng [12] suīrán [13] chōu bu chū shíjiān [14] líkāi [7] jié hūn [15] hào chī lǎn zuò (love to eat and too lazy to do things) [16] rúguǒ

II. Pinyin to Characters

Xǔduō jiāzhǎng wèi zǐnǚ de jiānglái cāo xīn. Tāmen pà háizi zhǎng dà yǐhòu bùnéng zhuàn qián guò rìzi, bùnéng shùnlì jié hūn yǒu zìjǐ de jiātīng ... Tāmen yě wèi zìjǐ tuì xiū yǐhòu de shēnghuó cāo xīn, yòu pà jìngjì bùnéng dúlì, yòu pà bùnéng kào zǐnǚ.

Lesson 15

huái — to conceive

怀 懷

忄	忙	忬	懔	懷						

huái — to conceive

懷 怀

忄	怀									

yùn — pregnancy

孕

乃	孕									

cí — to resign

辞 辭

𠂤	𠮷	舌	舌	辭						

cí — to resign

辭 辞

舌	辞									

zhàng — senior; husband

丈 | | | | | | | |

jiě — to solve; to untie

⺈ | 角 | 解 | 解 | | | | |

xīn — salary

薈 | 薪 | | | | | | |

xīn — salary

薈 | 薪 | | | | | | |

zhǔ — master; host

丶 | 主 | | | | | | |

qí — branch; divergent

止 | 歧 | | | | | | |

duàn — to break; to cut off

斷　断

絲	絲	斷	斷								

duàn — to break; to cut off

断　斷

米	迷	断									

fàn — model

範　范

竹	笵	範									

fàn — model

范　範

艹	艻	范									

shǔ — rat; mouse

鼠

臼	臾	鼠	鼠								

māo — cat

猫　貓

豸	豹	貓									

māo — cat

猫 貓 犭 犭 猫

gài — generally; approximately

概 木 棍 概

qīng — to belittle; few; light

輕 轻 車 輕 輕

qīng — to belittle; few; light

轻 輕 车 轩 轻

jià — to marry (of women)

嫁 女 嫁

yīn — marriage

姻 女 姻

fù — abdomen; belly

腹

月	腹										

wèi — not yet

未

二	未										

shèn — to exceed; even

甚

甚	甚	甚									

biàn — to change

變　変

糹	結	織	變								

biàn — to change

変　變

亦	変										

chóu — payment; reward

酬

酉	酬										

găi — to change

改

| 乛 | 改 | | | | | | | | | |

gé — to transform

革

| 艹 | 革 | | | | | | | | | |

shēng — to rise

升

| 升 | | | | | | | | | | |

shù — figure; number

数

數

| 串 | 婁 | 數 | | | | | | | | |

shù — figure; number

數

数

| 米 | 娄 | 数 | | | | | | | | |

xiăn — exposed; obvious

显

顯

| 日 | 㬎 | 顯 | | | | | | | | |

xiǎn — exposed; obvious

顯 显

日 显

gù — to look at; to consider

顾 顧

户 雇 顧

gù — to look at; to consider

顧 顾

厂 厄 顾

qī — wife

妻

圭 妻

Characters from Proper Nouns

Sòng — (name of a dynasty)

宋

宀 宋

cháo — dynasty

朝

卓 朝

Let's Review!

I. Character Crosswords

DOWN

[1] nándào ràng nán de huái yùn shēng háizi [2] tóng gōng bù tóng chóu [3] fùnǚ de shèhuì dìwèi búduàn tígāo [4] shàonǚ [5] fēndān jiāwù zhàogù zǐnǚ [6] mófàn fūqī [7] zhíwèi

ACROSS

[8] bié qíshì fùnǚ [9] fúwù [10] nán nǚ bù píngděng de shèhuì [11] lèguān de guò rìzi [12] bù cí zhí [13] dài háizi [14] zhàngfu xīnshuǐ gāo

II. Pinyin to Characters

Gébì de niánqīng fūfù, zhàngfu dāi zài jiā li zhàogu

háizi, qīzi wài chū gōngzuò. Liǎng ge rén yìqǐ fēndàn

jiāwù, yìqǐ shāngliang jiějué shēnghuó shang de wèntí.

Zhàngfu tǐtiē qīzi, qīzi tǐtiē zhàngfu, méiyǒu shéi

fúcóng shéi huòzhě shéi shì lǎoshǔ shéi shì māo de

wèntí. Tāmen liǎ de hūnyīn guānxi tǐxiàn le zhēnzhèng
真正
de nán nǚ píngděng.

Lesson 16

yǔ — and

與

與									

yǔ — and

与

与									

liáo — to treat; to cure

療

疒	疫	療							

liáo — to treat; to cure

疗

疒	疗								

zhì — system

制

牜	制								

zàng — internal organ

臟　脏

月　腪　腤　臓　臟

zàng — internal organ

脏　臟

月　胪　脏

yán — strict; severe

严　嚴

吅　严　嚴

yán — strict; severe

嚴　严

严

qióng — poor

穷　窮

空　穷　窮

qióng — poor

窮　穷

宀　穷

fǔ — government office

广 府

jìng — end; finish

立 竟

tì — for; on behalf of

扶 替

zhì — to make; to manufacture

制

牛 制 製

zhì — to make; to manufacture

製

牛 制

háo — a tiny amount

亠 亳 毫

yì — meaning; significance

义

義　羊　義

yì — meaning; significance

義

义　丶　丷　义

chóu — to worry; to be anxious

愁　禾　秋　愁

cái — timber; material

材　木　材

féi — fat

肥　月　肥

huàn — to contract; to suffer from

患　串　患

143

liáng — fine; good	良	良								
zhèng — dis-ease	症	疒	症							
zhù — to concentrate	注	氵	注							
shè — to absorb 摄	攝	扌	攝							
shè — to absorb 攝	摄	扌	㩆	摄						
jūn — equal; even	均	圡	均							

héng — to weigh; to measure

衡　彳　徣　獉　衡

Let's Review!

I. Character Crosswords

DOWN

1 bìngrén 2 Měiguó de yīliáo bǎoxiǎn zhìdù xūyào gǎigé 3 chǎnpǐn 4 zhùyì jiànkāng 5 yíngyǎng bù liáng zhèng 6 shēncái 7 shíxí jīngyàn shǎo 8 fàng xīn 9 shēng bìng

ACROSS

10 wù měi jià lián de tèchǎn 11 qióngrén fù bu qǐ yīyào fèi 5 yíngyǎng jūnhéng néng bǎozhèng shēntǐ jiànkāng 13 bù yánzhòng 14 chéngdù 7 shízài 15 jīngjì de gǎigé kāifāng 16 xīnzàng bìng 17 zhìshǎo

II. Pinyin to Characters

Suízhe shēnghuó shuǐpíng de tígāo, huàn xīnzàng bìng de rén yě yuè lái yuè duō. Huàn bìng de yuányīn hěn duō, bùguǎn shì shénme yuányīn, píngshí jiù yīnggāi tīng yīshēng, zhuānjiā de huà, guān xīn zìjǐ de shēntǐ, zhùyì zìjǐ de shēnghuó xíguàn, duō yùndòng, bù xī yān, bù hē jiǔ, shèqǔ duō zhǒng yíngyǎng, zhèyàng cái néng bǎozhèng shēntǐ jiànkāng.

Lesson 17

sōng — loose; slack

松 鬆

镸	髩	髟	鬆							

sōng — loose; slack

鬆 松

木	松									

tián — to fill (in, out)

填

土	填									

hé — what; how

何

亻	何									

jī — base

基

甘	其	基								

chǔ — plinth
(stone base)

礎

礎

石	磷	礎						

chǔ — plinth
(stone base)

础

础

石	础							

jìng — to com-
pete; to contest

竞

競

立	竞	竞	競					

jìng — to com-
pete; to contest

競

竞

立	竞							

biàn — to de-
bate

辩

辯

辛	羍	辯						

biàn — to de-
bate

辯

辩

辛	辞	辩						

pī — to criticize

批

扌	批								

píng — to judge

评

評

言	評								

píng — to judge

評

评

讠	评								

tài — form; condition

态

態

能	態								

tài — form; condition

態

态

太	态								

quē — to lack

缺

缶	缺								

chéng — to bear; to hold

承

手 孖 承

dū — to supervise; to direct

督

叔 督

cù — to urge

促

亻 促

huī — to scatter; to wave

挥 揮

扌 揮

huī — to scatter; to wave

揮 挥

扌 挥

táo — to clean out

淘

氵 氵 淘

tài — to eliminate; to discard

汰 | 氵 | 汰

qiú — to respect; to seek

求 | 求

shǐ — to make; to cause

使 | 亻 | 使

qì — ware

器 | 吅 | 哭 | 器

dú — to read; to study

讀 读 | 言 | 讀

dú — to read; to study

读 讀 | 讠 | 读

yōu — excellent; merit

优

優

亻　優

yōu — excellent; merit

優

优

亻　优

fèng — phoenix

凤

鳳

几　几　鳳

fèng — phoenix

鳳

凤

几　凤

bǔ — to mend; to make up

补

補

衤　補

bǔ — to mend; to make up

補

补

衤　衤　补

xī — to rest

息

自	息								

yìng — hard

硬

石	硬								

chuǎn — to pant; to gasp

喘

口	呭	喘							

zūn — to respect

尊

丷	酋	尊							

jí — even; even if

即

艮	即								

qǐ — to awaken; to start

启　啓

户	启	啓							

qǐ — to awaken; to start

启　户　启

gǔ — drum

鼓　壴　鼓

lì — to encourage

勵　厂　厲　勵

lì — to encourage

励　厂　厉　励

Let's Review!

I. Character Crosswords

DOWN

1 shùxué jīchǔ bù hǎo 2 zhǐhuībàng 3 yìnxiàng 4 jīhuì 5 jìngzhēng de chuǎn bú guò qì lái 6 rén bu yīnggāi sǐ dú shū 7 yìbān 8 zūn shī zhòng dào 9 tā hěn jíduān 10 lǐjiě 11 xítí

ACROSS

12 gǔlì xuésheng fāhuī xiǎngxiànglì 5 jìngzhēng bú guò biérén jiù huì bèi táotài 14 zhōumò yīnggāi qīngsōng yí xià 15 bú rènzhēn 16 sǐ jì yìng bèi 17 lǎoshī jiāo shū de yālì hěn dà 18 yǒu dàoli 19 jiějué wèntí

II. Pinyin to Characters

Xǔduō fùmǔ wàng zǐ chéng lóng, wàng nǔ chéng fèng,

chángcháng sòng háizi shàng bǔxíbān. Tāmen rènwéi

bǔxíbān de yōudiǎn shì kěyǐ dūcù háizi xuéxí, tígāo

jìngzhēnglì. Dànshì xǔduō jiàoyù zhuānjiā hěn bù yǐ

wéi rán. Tāmen pīpíng bǔxíbān zhǐ qiángdiào sǐ jì yìng

bèi, bù yāoqiú sīkǎo lǐjiě, yě bú zhòngshì qǐfāshì jiàoyù,

quēdiǎn tài duō. Tāmen dān xīn háizi biàn chéng kǎo

shì de jīqì.

Lesson 18

zhī — M (pen, rifle)

枝

朩	枝										

fàn — to commit (a crime)

犯

犭	犯										

zuì — crime

罪

罒	罪										

liè — to hunt

獵　猎

犭	犭⺌	犭⺌	犭	獵	獵	獵					

liè — to hunt

獵　猎

犭	狱	猎									

pèng — to touch; to run into

碰

石	碰							

zhì — wisdom

智

知	智							

nòng — to make; to play with

弄

王	弄							

jǐng — alert; to warn

警 警

敬	警							

jǐng — alert; to warn

警 警

敬	警							

chá — to examine

察

宀	察	察						

mìng — life; fate

命

人	今	合	命							

gù — to hire

雇　傕

亻	伊	傕								

gù — to hire

傕　雇

尸	雇									

jiān — jail; to inspect

監　監

臣	臥	監								

jiān — jail; to inspect

監　监

刂	収	监								

yù — prison; jail

狱　獄

犭	猞	獄								

yù — prison; jail

獄　狯　犷　犹　狱

guī — rule; regulation

規　規　规　規

guī — rule; regulation

規　規　规　規

zhí — to carry out

執　執　幸　執

zhí — to carry out

执　執　扌　执

jìn — to prohibit

禁　禁　林　禁

zhǐ — to stop	止	止									
sī — private	私	禾	私								
jí — to gather; to collect	集	隹	集								
xiàn — constitution 宪	憲	宀	宔	宺	憲						
xiàn — constitution 憲	宪	宀	宪								
zhàng — to obstruct; barrier	障	阝	障								

quán — right

權

权

木　權

quán — right

權

权

木　杈

xiàn — to limit; to restrict

限

阝　限

gāo — lamb

羔

羊　羔

zǎi — to butcher; to slaughter

宰

宀　宰

gē — to cut

割

害　割

dǔ — to gamble

賭 賭 | 貝 | 賭

dǔ — to gamble

賭 賭 | 贝 | 賭

bó — to gain; to win

博 | 十 | 博 | 博

fàn — to peddle

販 販 | 貝 | 販

fàn — to peddle

販 販 | 贝 | 販

dú — poison

毒 | 圭 | 毒

bìng — and; further

並　並

bìng — and; further

并　并

dì — to conclude

缔　纟　缔

dì — to conclude

缔　纟　缔

jì — prostitute

妓　女　妓

jī — to hit; to attack

击　擊　軎　毄　擊

jī — to hit; to attack

击

击

tōu — to steal

亻 偷

qiè — to pilfer

窃

竊

宀 窜 竊

qiè — to pilfer

竊

窃

宀 宆 窃

qiǎng — to rob

抢

搶

扌 搶

qiǎng — to rob

搶

抢

扌 抢

jié — to rob; to compel

去　劫

duàn — segment

⺯　段

xiāo — to disappear

氵　消

miè — to extinguish

氵　滅

灭

miè — to extinguish

灭

滅

yóu — particularly

尢　尤

pín — poor

貧

貧　｜　分　貧

pín — poor

貧

貧　｜　分　貧

zhí — value

值　｜　亻　值

wěn — disorderly

紊　｜　文　紊

réng — still

仍　｜　亻　仍

lǜ — rate; proportion

率　｜　玄　玆　㴵　率

dī — low

低

亻	低									

Let's Review!

I. Character Crosswords

DOWN

1 shèqū 2 xiànfǎ bǎozhàng lǎobǎixìng de jīběn quánlì
3 shèhuì shang chǎnshēng pín fù bù jūn de xiànxiàng 4 bókè (blog) 5 jiàoxué tàidù 6 jìnzhǐ fànmài dúpǐn 7 dǎjī tōuqiè qiǎngjié děng fànzuì xíngwéi 8 yòngxīn liángkǔ

ACROSS

9 jǐngchá qǔdì fēifǎ dǔbó 10 jíhuì 11 kèqi 12 chǎnpǐn 13 xuéxiào jìnzhǐ lǎoshī dǎ mà xuésheng 14 sùdù 15 fēngfù 16 jūnhéng 17 rìyòngpǐn 18 tǐxiàn 19 xiàngzhēng 20 kǔxīn

II. Pinyin to Characters

Xīn zhèngfǔ qiángdiào, lǎobǎixìng de yánlùn yǐjí jíhuì zìyóu búhuì shòu dào xiànzhì, jīngjì fǎguī yě huì gèng jiànquán. Lìngwài, zhèngfǔ yě bǎozhèng huì tōngguò bùtóng shǒuduàn, shǐ fànzuìlǜ gèng dī.

Lesson 19

kàng — to resist

抗　扌　抗

chī — idiotic

癡　疒　疒　疾　癡　癡

chī — idiotic

痴　疒　痴

dāi — slow-witted

呆　口　呆

pōu — to cut; to dissect

剖　音　剖

hóu — monkey

猴

犭　犭　狰　猴

lián — to sympathize with

怜　憐

忄　怜　惨　憐

lián — to sympathize with

憐　怜

忄　怜

zǔ — to organize

组　組

纟　組

zǔ — to organize

組　组

纟　组

zhī — to knit; to weave

织　織

纟　綕　織

zhī — to knit; to weave

織　织

纟	织									

qiú — fur coat

裘

求	裘									

zhuāng — outfit

裝　装

壯	裝									

zhuāng — outfit

裝　裝

壯	裝									

rēng — to throw

扔

扌	扔									

dàn — egg

蛋

疋	蛋									

jiǎn — to cut

剪

前	剪								

wéi — to encircle

围 / 圍

冂	圍	圍							

wéi — to encircle

圍 / 围

冂	围	围							

xī — sacrifice

牺 / 犧

牛	牪	犕	犠	犧					

xī — sacrifice

犧 / 牺

牛	牺								

shēng — domestic animal

牲

牛	牲								

175

jiǎng — to speak; to empha-size	講 讲	言	講											
jiǎng — to speak; to empha-size	讲 講	讠	讲											
wù — error	誤 误	言	誤											
wù — error	误 誤	讠	误											
nüè — cruel; tyrannical	虐	虍	虐											
yě — wild; bar-baric	野	里	野											

mán — rough; reckless

蛮 | 蠻 | 糸 | 結 | 綒 | 蠻 | | | | | | | | |

mán — rough; reckless

蠻 | 蛮 | 亦 | 蛮 | | | | | | | | | | |

ái — cancer

癌 | 疒 | 癌 | 癌 | | | | | | | | | | |

ài — grass

艾 | 艾 | 艹 | 艹 | 艾 | | | | | | | | | |

ài — grass

艾 | 艾 | 艹 | 艹 | 艾 | | | | | | | | | |

zī — to multiply

滋 | 氵 | 氵 | 滋 | | | | | | | | | | |

píng — to base on; to rely on

憑 凭

氵 馮 憑

píng — to base on; to rely on

凭 憑

亻 任 凭

zhēn — precious; treasure

珍

王 珍

xī — rare

稀

禾 稀

bīn — to border; to be close to

瀕 瀕

氵 涉 瀕

bīn — to border; to be close to

濒 濒

氵 涉 濒

lín — to face; to overlook

臨　临

臣　臣〾　臨

lín — to face; to overlook

临　臨

丨　忄　临

jué — to cut off; exhausted

絕　绝

纟　絽　絕

jué — to cut off; exhausted

绝　絕

纟　绝

bì — to avoid

避

𠬠　辟　避

tòng — pain

痛

疒　疒　痛

xū — empty; void

虛 虛

虍	虚	虗	虗	虗	虛						

xū — empty; void

虚 虚

虍	虚										

qū — to distinguish

区 區

匚	區										

qū — to distinguish

區 区

又	区										

zēng — to increase

增

土	增										

hǔ — tiger

虎

虍	虎										

cǎi — to pick; to select

采 採 | 扌 採

cǎi — to pick; to select

采 採 | 采

cuò — to arrange; to handle

措 | 扌 措

shī — to put into practice

施 | 方 方 施

bǎo — treasure

宝 寶 | 宀 宝 寀 寶

bǎo — treasure

寶 宝 | 宀 宝

xióng — bear

熊

| 能 | 熊 | | | | | | | | | |

ruò — weak

弱

| 弓 | 弱 | | | | | | | | | |

hū — to neglect; to ignore

忽

| 勿 | 忽 | | | | | | | | | |

lüè — to omit; to leave out

略

| 田 | 略 | | | | | | | | | |

hù — mutual

互

| 工 | 互 | | | | | | | | | |

Let's Review!

I. Character Crosswords

DOWN

1 xǔduō zhēnxī dòngwù bīnlín mièjué 2 shèbèi 3 bǎohù dòngwù de yìshí hěn bóruò 4 qūbié 5 wèi guójiā xīshēng de rén hěn duō 6 kělián de lǎobǎn 7 áizhèng 8 Àizībīng 9 réndào

ACROSS

10 yěxǔ 2 shèlì bǎohù qū 11 zhǔnbèi 12 zhēnguì 13 jīdòng 14 nüèdài dòngwù shì yěmán de xíngwéi 15 guóbǎo 16 xiāomiè fàn zuì 17 hòubó 18 rénshù 19 lǎonián chīdāi zhèng de bìngrén hěn duō

II. Pinyin to Characters

Shìjiè rénkǒu búduàn zēngjiā, rén xūyào gèng dà de

kōngjiān lái fāzhǎn jīngjì. Yīncǐ rèdài yǔlín màn mān

xiāoshī, dà zìrán shòu dào pòhuài, hài de xǔduō xīyǒu

dòngwù de shēngcún huánjìng shòu dào wēixié.

Kēxuéjiā jí dòngwù bǎohù zǔzhī zhǐchū rúguǒ shìjiè

gèguó bù gǎnjǐn cǎiqǔ bìyào de cuòshī lái bǎohù

shēngtài pínghéng, jiānglái zhěngge shìjiè dōu huì zì shí

qí guǒ.

Lesson 20

xiàng — M (projects)	項	工	項								
項											

xiàng — M (projects)	項	工	項								
項											

fèi — waste	廢	广	廢								
廢											

fèi — waste	废	广	废								
廢											

zhā — residue	渣	氵	渣								

xī — to analyze

析

木　析

zào — to cause; to create

造

告　造

wū — dirt; dirty

污

氵　污

rǎn — to soil; to contaminate

染

氵　氿　染

bāng — nation; state

邦

丰　邦

wěi — to commission

委

禾　委

tuō — to entrust

託　言　託

tuō — to entrust

托　扌　托

sōng — pine tree

松　木　松

chóng — insect

蟲　虫　蟲　蟲

chóng — insect

虫　虫

zhì — to rule; to control

治　氵　治

chòu — smelly; stinking

臭

自	臭								

yǎng — oxygen

氧

气	氧								

kān — to bear; to endure

堪

圡	堪								

yuán — source

源

氵	源								

méi — coal

煤

火	煤	煤							

hé — nucleus

核

木	核								

liú — sulphur

硫

石	矿	硫									

xiào — effect

效

交	效										

Let's Review!

I. Character Crosswords

DOWN

[1] shíjì shang [2] huàgōngchǎng páifàng de fèishuǐ zàochéng huánjìng wūrǎn [3] fēndān jiāwù [4] miànlín nántí [5] tígāo shēnghuó shuǐpíng [6] diànnǎo [7] chòuyǎngcéng hěn zhòngyào [8] liánbāng zhèngfǔ [9] hùshi

ACROSS

[10] wěituō shíyànshì zuò huàxué fēnxī [11] biǎomiàn shang [12] jiātíng [13] nánguài [14] hédiànzhàn de zàojià gāo [15] shēngtài [16] sǐ yú hěn chòu [17] hē shuǐ [18] sān céng lóu [19] chéngběn [20] pínghéng [21] zhèngfǔ hěn zhòngshì huánjìng bǎohù [22] wūrǎnyuán

II. Pinyin to Characters

Shìjiè rénkǒu búduàn zēngjiā, jīngjì fāzhǎn sùdù

jiākuài, duì shíyóu, méi děng néngyuán de xūqiú liàng

yě yǔ rì jù zēng. Shíyóu, méi de <u>kāicǎi</u> wǎngwǎng huì

開採/开采

zàochéng shuǐ huòzhě kōngqì wūrǎn. Yīncǐ, xǔduō

guójiā gǔlì rénmín jǐnkěnéng shǎo yòng diàn, shǎo kāi

chē, bìng gǔlì kēxuéjiā yánjiū <u>kāifā</u> duì zìrán huánjìng,

開發/开发

réntǐ jiànkāng méiyǒu wēihài de xīn néngyuán.

INDEX A
(sorted by pinyin)

P = pinyin
T = traditional form
S = simplified form
L = lesson

P	T	S	Definition	L	Page
ái	癌		cancer	19	176
ài	唉		(an exclamation)	5	39
ài	艾	艾	grass	19	176
àn	岸		coast; bank	9	75
ào	傲		haughty	13	116
ào	奧		profound	13	118
bǎi	擺	摆	to put; to place	2	8
bài	拜		to pay respect; to worship	9	76
bān	般		same as	2	11
bǎn	闆	板	boss	3	17
bàn	伴		companion; partner	14	123
bāng	邦		nation; state	20	186
bāo	包		to include	6	48
bǎo	寶	宝	treasure	19	180
bēi	碑		stele	11	94
bèi	背		back	7	56
bì	畢	毕	to complete	5	37
bì	壁		wall	6	46
bì	避		to avoid	19	178
biān	鞭		whip	12	107
biàn	變	变	to change	15	133
biàn	辯	辩	to debate	17	148
biāo	標	标	mark	4	28
biē	憋		to suppress	7	58
bīn	瀕	濒	to border; to be close to	19	177
bǐng	餅	饼	a round flat cake	10	84
bìng	並	并	and; further	18	164
bō	波		wave	1	3
bō	菠	菠	spinach	3	17
bō	播		to broadcast	8	65
bó	薄	薄	thin	4	27
bó	博		to gain; to win	18	163
bǔ	補	补	to mend; to make up	17	152
cái	材		timber; materials	16	142
cǎi	彩		color; splendor	13	115
cǎi	採	采	to pick; to select	19	180
cāo	操		to grasp; to operate; to drill; to exercise	14	122
cè	冊		book	1	1
céng	層	层	storey; M (floors)	2	10
céng	曾		once before	9	73
chá	察		to examine	18	158
chái	柴		firewood	8	66
chǎn	產	产	product	10	83
chǎng	廠	厂	factory	14	122
cháo	朝		dynasty	15	135
Chén	陳	陈	(a surname)	3	19
chén	晨		morning	12	101
chèn	趁		to take the opportunity	10	82
chéng	承		to bear; hold	17	150
chī	癡	痴	idiotic	19	171
chí	池		pool	11	97
chóng	蟲	虫	insect	20	187
chòng	衝	冲	abrupt; blunt	14	123
chōu	抽		to take out	14	125
chóu	酬		payment; reward	15	133
chóu	愁		to worry; to be anxious	16	142
chòu	臭		smelly; stinking	20	188
chǔ	礎	础	plinth (stone base)	17	148
chù	處	处	place; part	1	2

chuán	船	boat	11	90
chuán	傳 传	to pass on	12	106
chuǎn	喘	to pant; to gasp	17	153
chuāng	窗	window	2	7
chuī	吹	to blow; to break up	7	58
chún	純 纯	pure	4	27
cí	辭 辞	to resign	15	129
cǐ	此	this; here and now	13	116
cù	促	to urge	17	150
cuī	催	to hurry; to urge	11	92
cuò	措	to arrange; to handle	19	180
dá	達 达	to reach	4	31
dāi	待	to stay	9	76
dāi	呆	slow-witted	19	171
dài	代	period; generation	9	73
dài	戴	to put on accessories (besides shoes)	12	101
dàn	淡	light	3	18
dàn	蛋	egg	19	173
dào	倒	(indicating concession)	13	115
dé	德	virtue; morals	6	49
dèng	瞪	to glare	11	90
dī	低	low	18	168
dí	迪	to enlighten	4	31
dì	蒂 蒂	the base of a fruit	9	77
dì	締 缔	to conclude	18	164
diū	丢	to lose; to mislay	10	84
dòng	棟 栋	M (buildings)	2	9
dū	督	to supervise; to direct	17	150
dú	獨 独	single; alone	14	121
dú	讀 读	to read; to study	17	151
dú	毒	poison	18	163
dǔ	賭 赌	to gamble	18	163

dù	度	degree	11	88
duān	端	to hold level; to carry	12	103
duǎn	短	short	4	26
duàn	斷 断	to break; to cut off	15	131
duàn	段	segment	18	166
duì	隊 队	a line (of people)	10	81
dùn	頓 顿	a short stop; M (meals)	1	3
dùn	盾	shield	8	69
ēn	恩	benevolence	14	125
ěr	爾 尔	like that	8	64
fān	翻	to turn over	6	47
fǎn	反	to turn over	5	36
fàn	範 范	model	15	131
fàn	犯	to commit (a crime)	18	157
fàn	販 贩	to peddle	18	163
fǎng	仿	to imitate; to copy	8	66
fēi	妃	concubine	11	96
féi	肥	fat	16	142
fèi	廢 废	waste	20	185
fěn	粉	powder	4	24
fēng	豐 丰	abundant	12	102
fèng	鳳 凤	phoenix	17	152
fǒu	否	no; not	9	74
fū	夫	man	9	77
fǔ	府	government office	16	141
fù	負 负	to bear	8	68
fù	婦 妇	woman	11	94
fù	富	wealthy; abundant	13	114
fù	腹	abdomen; belly	15	133
gǎi	改	to change	15	134
gài	概	generally; approximately	15	132
gān	乾 干	dry	2	11

gǎn	敢	to dare	8	70
gǎn	感	to feel	13	116
gāo	膏	paste	4	24
gāo	羔	lamb	18	162
gē	割	to cut	18	162
gé	隔	partition	6	46
gé	格	character; style	7	54
gé	革	to transform	15	134
gēn	根	root	12	103
gòu	購 购	to purchase	4	26
gū	姑	father's sister	9	75
gǔ	古	ancient; classical	7	56
gǔ	鼓	drum	17	154
gù	故	incident; happening	11	88
gù	顧 顾	to look at; to consider	15	135
gù	僱 雇	to hire	18	159
guài	怪	to blame; strange	7	58
guān	觀 观	to watch; sight	11	92
guān	官	government official	12	103
guǎn	管	to manage	5	38
guāng	光	light	13	117
guàng	逛	to stroll	10	81
guī	規 规	rule; regulation	18	160
guì	櫃 柜	cabinet; cupboard	2	8
gǔn	滾	to roll	7	56
guǒ	裹	to wrap	10	83
hā	哈	(the sound of laughing)	11	94
hài	害	harmful	7	57
hǎn	喊	to cry out	6	46
hàn	翰	writing brush; calligraphy	2	11
háo	毫	a tiny amount	16	141
hé	荷 荷	lotus	12	101
hé	何	what; how	17	147
hé	核	nucleus	20	188
hěn	狠	vigorous	11	90
héng	衡	to weigh; to measure	16	144
hōng	烘	to dry with heat	2	10
hóu	猴	monkey	19	172
hòu	厚	thick	4	27
hū	乎	(a verb suffix)	4	29
hū	呼	to call	6	46
hū	忽	to neglect; to ignore	19	181
hú	湖	lake	11	90
hǔ	虎	tiger	19	179
hù	戶	door; household	2	7
hù	互	mutual	19	181
huá	划	to paddle	11	90
huà	化	to change	4	26
huà	畫 画	to draw; picture	14	123
huái	淮	Huai (a river)	11	96
huái	懷 怀	to conceive	15	129
huán	環 环	to surround	6	49
huàn	患	to contract; to suffer from	16	142
huī	揮 挥	to scatter; to wave	17	150
huǐ	悔	to regret	7	58
huì	惠	kind; gracious	14	125
hūn	婚	marriage; wedding	14	122
jī	激	to stimulate	6	46
jī	鶏 鸡	chicken	12	102
jī	基	base	17	147
jī	擊 击	to hit; to attack	18	164
jí	籍	native place; registry	1	2
jí	即	even; even if	17	153
jí	集	to gather; to collect	18	161

jǐ	擠 挤	crowded; to push against	11	88
jì	紀 纪	record	8	64
jì	既	since; already	9	76
jì	蹟 迹	remains; mark	11	87
jì	祭	to offer sacrifices	12	105
jì	寂	quiet	13	113
jì	績 绩	accomplishment	13	117
jì	技	skill	14	121
jì	妓	prostitute	18	164
jià	嫁	to marry (of women)	15	132
jiān	監 监	jail; to inspect	18	159
jiǎn	剪	to cut	19	174
jiàn	建	to set up; to construct	5	40
jiāng	江	big river	12	104
jiǎng	講 讲	to speak; to emphasize	19	175
jiāo	交	to associate with	5	39
jiāo	驕 骄	proud	13	116
jiē	街	street	6	48
jié	結 结	to tie; to conclude	1	1
jié	劫	to rob; to compel	18	166
jiě	解	to solve; to untie	15	130
jiè	芥 芥	mustard	3	16
jiè	藉 借	excuse	8	68
jiè	界	boundary	13	116
jīn	巾	a piece of cloth	4	25
jǐn	儘 尽	to the greatest extent	12	108
jìn	禁	to prohibit	18	160
jǐng	警 警	alert; warn	18	158
jìng	境	area; situation	6	49
jìng	鏡 镜	mirror	7	57
jìng	敬 敬	to respect	11	95
jìng	竟	end; finish	16	141
jìng	競 竟	to compete; to contest	17	148
jiū	究	to examine	5	38
jiù	救	to save	12	106
jū	居	to occupy	14	125
jù	據 据	according to	4	30
jué	決 决	to decide	13	115
jué	絕 绝	to cut off; exhausted	19	178
jūn	均	equal; even	16	143
kān	堪	to bear; to endure	20	188
kàng	抗	to resist	19	171
kào	靠	to depend on	1	3
Kē	柯	(a surname)	1	4
kē	科	(an academic field)	5	38
kè	克	to overcome	13	118
kěn	肯	to consent (to)	5	37
kǒng	恐	to fear	2	10
kuàng	況 况	condition	7	54
lán	蘭 兰	orchid	3	16
lán	欄 栏	column; banister	6	47
lǎn	覽 览	to view	11	87
lǎn	懶 懒	lazy	14	124
láng	廊	corridor	6	45
lǎng	朗	bright	7	55
lì	歷 历	experience	5	40
lì	厲 厉	severe	7	57
lì	麗 丽	beautiful	7	59
lì	利	advantage	10	81
lì	曆 历	calendar	12	107
lì	勵 励	encourage	17	154
lián	廉	inexpensive	4	29
lián	聯 联	to join	10	83
lián	憐 怜	to sympathize with	19	172

liàn	戀	恋	to feel attached to; love	11	92
liáng	良		fine; good	16	143
liàng	量		quantity	4	28
liáo	療	疗	to treat; to cure	16	139
liè	獵	猎	to hunt	18	157
lín	臨	临	to face; to overlook	19	178
líng	齡	龄	age	11	89
líng	陵		mausoleum; hill	11	91
líng	玲		exquisite	14	125
lǐng	領	领	to lead	9	76
liú	硫		sulphur	20	189
lóng	龍	龙	dragon	12	105
lú	爐	炉	stove	9	75
lù	陸	陆	land	9	73
lǚ	履		shoe; footsteps; to carry out	5	40
lù	慮	虑	to consider; to ponder	5	39
lù	率		rate; proportion	18	167
luàn	亂	乱	disorderly	8	67
lüè	略		to omit; to leave out	19	181
lún	輪	轮	to take turns	10	82
lùn	論	论	to talk about	4	23
má	麻		sesame	8	70
mà	罵	骂	to scold	14	124
ma	嘛		(a particle)	14	122
mán	瞞	瞒	to hide the truth from	6	48
mán	蠻	蛮	rough; reckless	19	176
māo	貓	猫	cat	15	131
máo	矛		lance	8	69
méi	梅		plum	3	19
méi	煤		coal	20	188
mí	迷		fan; to be fascinated by	6	48
mì	秘		mysterious	11	95
mì	密		secret	11	95
mián	棉		cotton	4	27
miǎn	免		to avoid	8	67
miǎo	秒		second	13	114
miào	妙		wonderful	11	89
miào	廟	庙	temple	11	95
miè	滅	灭	to extinguish	18	166
mìng	命		life; fate	18	159
mó	模		pattern	8	66
mò	墨		ink	9	77
mò	寞		lonely; deserted	13	113
mù	墓		tomb	11	91
nào	鬧	闹	to stir up trouble	7	53
nèn	嫩		tender	3	16
ng	嗯		(an interjection)	6	49
nì	膩	腻	to be bored with	9	75
nóng	農	农	agriculture	12	107
nòng	弄		to make; to play with	18	158
nüè	虐		cruel; tyrannical	19	175
ò	噢		(an interjection)	7	56
ǒu	偶		accidentally	8	64
pái	牌		brand	4	24
pái	排		to arrange; to put in order	10	81
pào	炮		cannon	12	107
péi	陪		to accompany	4	29
pèng	碰		to touch; to run into	18	158
pī	批		to criticize	17	149
pí	脾		spleen	7	55
pǐ	匹		to be a match for	13	118
pín	頻	频	frequency	8	65
pín	貧	贫	poor	18	167
pǐn	品		product	2	10

píng	評	评	to judge	17	149
píng	憑	凭	to base on; to rely on	19	177
pò	破		broken	7	58
pōu	剖		to cut; to dissect	19	171
qī	妻		wife	15	135
qí	奇		strange; rare	10	81
qí	歧		branch; divergent	15	130
qǐ	啟	启	to awaken; to start	17	153
qì	器		ware	17	151
qiān	簽	签	to sign; to autograph	4	30
qiāng	槍	枪	gun	8	68
qiáng	牆	墙	wall	11	90
qiáng	強	强	strong	13	113
qiǎng	搶	抢	to rob	18	165
qiè	竊	窃	to pilfer	18	165
Qín	秦		Qin (a dynasty)	11	96
qīng	青		green; blue	3	17
qīng	輕	轻	to belittle; few; light	15	132
qíng	情		feeling	7	53
qióng	窮	穷	poor	16	140
qiú	求		to request; to seek	17	151
qiú	裘		fur coat	19	173
Qū	屈		(a surname)	12	109
qū	區	区	to distinguish	19	179
qǔ	取		to get	13	117
qù	趣		amusement	7	55
quán	全		whole; entirely	1	2
quán	權	权	right	18	162
quē	缺		to lack	17	149
què	確	确	really; indeed	9	74
què	卻	却	however	10	82
rǎn	染		to soil; to contaminate	20	186

rěn	忍		to bear; to put up with	11	93
rèn	任		assignment	8	69
rēng	扔		to throw	19	173
réng	仍		still	18	167
róng	榮	荣	to flourish; glory	13	117
ruò	弱		weak	19	181
sàn	散		to distribute; to let out	9	74
sǎo	嫂		elder brother's wife	14	123
sēn	森		forest	6	50
shā	莎	莎	(a kind of grass)	7	59
shā	殺	杀	to kill	12	104
shāng	商		commerce	2	10
shǎng	賞	赏	to appreciate	12	108
shāo	稍		a little	6	47
shě	捨	舍	to part with	11	93
shè	設	设	to setup	2	9
shè	攝	摄	to absorb	16	143
shēn	申		to express; to explain	5	39
shēn	深		deep	11	91
shén	神		god; spirit	12	105
shèn	甚		to exceed; even	15	133
shēng	聲	声	sound	6	45
shēng	升		to rise	15	134
shēng	牲		domestic animal	19	174
shěng	省		to save	1	2
shèng	勝	胜	superb; to win	11	87
shèng	盛		plenteous	12	102
shī	詩	诗	poetry	12	104
shī	失		to lose	13	113
shī	施		to put into practice	19	180
shǐ	史		history	5	35
shǐ	使		to make; to cause	17	151

shì	士	scholar	1	3
shì	世	world; era	13	115
shòu	授	to confer	5	36
shū	叔	father's younger brother	14	121
shú	熟	familiar	2	7
shǔ	鼠	rat; mouse	15	131
shù	術 术	art; method	8	63
shù	數 数	figure; number	15	134
shuì	稅	tax	4	30
sī	斯	this	4	31
sī	私	private	18	161
sì	祀	to offer sacrifices	12	105
sōng	鬆 松	loose; slack	17	147
sōng	松	pine tree	20	187
Sòng	宋	(name of a dynasty)	15	135
sú	俗	custom	12	101
tài	態 态	form; condition	17	149
tài	汰	to eliminate; to discard	17	151
tán	談 谈	to talk	7	59
tǎn	毯	blanket	2	8
táng	堂	hall	8	63
tàng	趟	M (trips)	9	76
táo	淘	to clean out	17	150
tǎo	討 讨	to discuss	5	36
tī	剔	to get rid of	4	28
tī	梯	ladder; stair	6	45
tì	替	for; on behalf of	16	141
tián	填	to fill (in, out)	17	147
tiāo	挑	to pick up; to select	4	28
tiáo	調 调	to adjust	2	8
tíng	庭	courtyard	14	121
tǐng	挺	quite	7	58
tōng	通	through; to lead to	6	49
tóng	童	child	8	66
tǒng	統 统	to gather into one	5	36
tǒng	筒	thick tube-shaped object	10	82
tòng	痛	painful	19	178
tōu	偷	to steal	18	165
tóu	投	to throw	12	104
tū	突	suddenly	11	93
tuán	團 团	to unite	12	108
tuì	退	to move back	14	122
tuō	託 托	to entrust	20	187
wàn	萬 万	ten thousand	10	84
wēi	微	tiny; minute	6	47
wēi	威	might; by force	8	69
wéi	圍 围	to encircle	19	174
wěi	偉 伟	great	11	94
wěi	委	to commission	20	186
wèi	胃	stomach	2	11
wèi	衛 卫	to guard; to defend	4	25
wèi	未	not yet	15	133
wén	聞 闻	news; to hear	8	65
wěn	紊	disorderly	18	167
wū	屋	room; house	2	7
wū	污	dirt; dirty	20	186
wú	無 无	not; nothing	4	23
wǔ	武	military	11	96
wù	誤 误	error	19	175
xī	悉	to know	2	7
xī	吸	to breathe in	3	15
xī	息	to rest	17	153
xī	犧 牺	sacrifice	19	174
xī	稀	rare	19	177

xī	析	to analyze	20	186
xí	媳	daughter-in-law	11	94
xì	系	department (in a college); system	5	37
xì	細 细	thin; fine	7	54
xì	戲 戏	play; drama	7	55
xián	閑 闲	idle; unoccupied	8	64
xiǎn	顯 显	exposed; obvious	15	134
xiàn	憲 宪	constitution	18	161
xiàn	限	to limit; to restrict	18	162
xiāng	相	each other	7	56
xiáng	詳 详	detailed	7	53
xiǎng	響 响	sound; noise	6	46
xiàng	向	toward	8	67
xiàng	象	be like; image; symbol	12	106
xiàng	項 项	M (projects)	20	185
xiāo	宵	night	12	108
xiāo	消	to disappear	18	166
xiào	效	effect	20	189
xié	脅 胁	to force	8	70
xīn	薪 薪	salary	15	130
xìng	性	nature; character	7	54
xióng	熊	bear	19	181
xiū	休	to rest; to stop	14	123
xū	需	to need	4	24
xū	虛 虚	empty; void	19	179
xù	恤	pity	4	23
xuán	玄	dark; abstruse	11	96
xuǎn	選 选	to choose	5	35
yā	鴨	duck	12	102
yá	牙	tooth	4	24
yà	亞 亚	(short for Asia)	5	35
yān	煙 烟	tobacco; smoke	3	15

yán	鹽 盐	salt	3	17
yán	研	to investigate	5	37
yán	嚴 严	strict; severe	16	140
yǎng	氧	oxygen	20	188
yáo	搖	to shake	7	56
yě	野	wild; barbaric	19	175
yí	移	to move	9	73
yì	議 议	opinion; to talk over	5	40
yì	藝 艺	art; skill	8	63
yì	益	benefit	13	118
yì	義 义	meaning; significance	16	142
yīn	姻	marriage	15	132
yǐn	引	to cause; to induce	8	66
yíng	贏 赢	to win	13	114
yìng	硬	hard	17	153
yōu	憂 忧	to worry about	12	103
yōu	優 优	excellence; merit	17	152
yóu	由	cause; to be up to someone or something	1	2
yóu	油	oil; oily	3	18
yóu	尤	particularly	18	166
yú	於 于	in; at; on	4	25
yǔ	與 与	and	16	139
yù	浴	bath	2	9
yù	育	education	6	48
yù	譽 誉	reputation; fame	13	118
yù	獄 狱	prison; jail	18	159
yuán	原	original	3	15
yuán	源	source	20	188
yuàn	院	institute; courtyard	5	38
yùn	孕	pregnancy	15	129
zāi	災 灾	disaster	8	67
zǎi	仔	young man	4	23

zǎi	to butcher; to slaughter	18	162
zán	we (incl.); I; me	5	40
zàng	to bury	11	93
zàng	internal organ	16	140
zào	soap	4	25
zào	rash; restless	7	55
zào	to cause; to create	20	186
zé	duty	8	69
zé	then	9	74
zēng	to increase	19	179
zhā	residue	20	185
zhà	to blow up; to bomb	8	70
zhǎi	narrow	11	89
zhǎn	exhibition; to spread out	13	115
zhāng	chapter	3	18
zhàng	senior; husband	15	130
zhàng	to obstruct; barrier	18	161
zhāo	to beckon	6	45
zhé	wise	5	39
zhēn	precious; treasure	19	177
zhēng	to steam	3	15
zhēng	to dispute	4	29
zhēng	evidence	12	106
zhèng	disease	16	143
zhī	(a particle)	4	30
zhī	M (pens, rifles)	18	157
zhī	to knit; to weave	19	172
zhí	to carry out	18	160
zhí	value	18	167
zhǐ	location	9	77
zhǐ	to stop	18	161
zhì	quality	4	28

zhì	to; until	5	37
zhì	system	16	139
zhì	to make; to manufacture	16	141
zhì	wisdom	18	158
zhì	to rule; to control	20	187
zhū	pearl	11	89
zhǔ	master; host	15	130
zhù	to register; to note	1	1
zhù	to construct	11	88
zhù	to concentrate	16	143
zhuàn	to make a profit	5	38
zhuāng	to make up; to dress up	4	26
zhuāng	outfit	19	173
zhuàng	magnificent	11	91
zhuàng	plaint; account	14	124
zhuī	to pursue; to give chase	13	114
zī	to multiply	19	176
zǒng	to put together	3	18
zòng	rice dumpling	12	103
zǔ	ancestors	1	2
zǔ	to organize	19	172
zuì	drunk	7	57
zuì	crime	18	157
zūn	to respect	17	153

INDEX B
(sorted by lesson and pinyin)

P = pinyin
T = traditional form
S = simplified form
L = lesson

L	T	S	P	Definition	Page
1	波		bō	wave	3
1	册		cè	book	1
1	處	处	chù	place; part	2
1	頓	顿	dùn	a short stop; M (meals)	3
1	籍		jí	native place; registry	2
1	結	结	jié	to tie; to conclude	1
1	靠		kào	to depend on	3
1	柯		Kē	(a surname)	4
1	全		quán	whole; entirely	2
1	省		shěng	to save	2
1	士		shì	scholar	3
1	由		yóu	cause; to be up to someone or something	2
1	註	注	zhù	to register; to note	1
1	祖		zǔ	ancestors	2
2	擺	摆	bǎi	to put; to place	8
2	般		bān	same as	11
2	層	层	céng	storey; M (floors)	10
2	窗		chuāng	window	7
2	棟	栋	dòng	M (buildings)	9
2	乾	干	gān	dry	11
2	櫃	柜	guì	cabinet; cupboard	8
2	翰		hàn	writing brush; calligraphy	11
2	烘		hōng	to dry with heat	10
2	戶		hù	door; household	7
2	恐		kǒng	to fear	10
2	品		pǐn	product	10
2	商		shāng	commerce	10
2	設	设	shè	to setup	9
2	熟		shú	familiar	7
2	毯		tǎn	blanket	8
2	調	调	tiáo	to adjust	8
2	胃		wèi	stomach	11
2	屋		wū	room; house	7
2	悉		xī	to know	7
2	浴		yù	bath	9
3	闆	板	bǎn	boss	17
3	菠	菠	bō	spinach	17
3	陳	陈	Chén	(a surname)	19
3	淡		dàn	light	18
3	芥	芥	jiè	mustard	16
3	蘭	兰	lán	orchid	16
3	梅		méi	plum	19
3	嫩		nèn	tender	16
3	青		qīng	green; blue	17
3	吸		xī	to breathe in	15
3	煙	烟	yān	tobacco; smoke	15
3	鹽	盐	yán	salt	17
3	油		yóu	oil; oily	18
3	原		yuán	original	15
3	章		zhāng	chapter	18
3	蒸	蒸	zhēng	to steam	15
3	總	总	zǒng	to put together	18
4	標	标	biāo	mark	28
4	薄	薄	bó	thin	27
4	純	纯	chún	pure	27
4	達	达	dá	to reach	31
4	迪		dí	to enlighten	31
4	短		duǎn	short	26
4	粉		fěn	powder	24

4	膏	gāo	paste	24
4	購 购	gòu	to purchase	26
4	厚	hòu	thick	27
4	乎	hū	(a verb suffix)	29
4	化	huà	to change	26
4	巾	jīn	a piece of cloth	25
4	據 据	jù	according to	30
4	廉	lián	inexpensive	29
4	量	liàng	quantity	28
4	論 论	lùn	to talk about	23
4	棉	mián	cotton	27
4	牌	pái	brand	24
4	陪	péi	to accompany	29
4	簽 签	qiān	to sign; to autograph	30
4	稅	shuì	tax	30
4	斯	sī	this	31
4	剔	tī	to get rid of	28
4	挑	tiāo	to pick up; to select	28
4	衛 卫	wèi	to guard; to defend	25
4	無 无	wú	not; nothing	23
4	需	xū	to need	24
4	恤	xù	pity	23
4	牙	yá	tooth	24
4	於 于	yú	in; at; on	25
4	仔	zǎi	young man	23
4	皂	zào	soap	25
4	爭 争	zhēng	to dispute	29
4	之	zhī	(a particle)	30
4	質 质	zhì	quality	28
4	妝 妆	zhuāng	to make up; to dress up	26
5	唉	ài	(an exclamation)	39
5	畢 毕	bì	to complete	37

5	反	fǎn	to turn over	36
5	管	guǎn	to manage	38
5	建	jiàn	to set up; to construct	40
5	交	jiāo	to associate with	39
5	究	jiū	to examine	38
5	科	kē	(an academic field)	38
5	肯	kěn	to consent (to)	37
5	歷 历	lì	experience	40
5	履	lǚ	shoe; footsteps; to carry out	40
5	慮 虑	lù	to consider; to ponder	39
5	申	shēn	to express; to explain	39
5	史	shǐ	history	35
5	授	shòu	to confer	36
5	討 讨	tǎo	to discuss	36
5	統 统	tǒng	to gather into one	36
5	系	xì	department (in a college); system	37
5	選 选	xuǎn	to choose	35
5	亞 亚	yà	(short for Asia)	35
5	研	yán	to investigate	37
5	議 议	yì	opinion; to talk over	40
5	院	yuàn	institute; courtyard	38
5	咱	zán	we (incl.); I; me	40
5	哲	zhé	wise	39
5	至	zhì	to; until	37
5	賺 赚	zhuàn	to make a profit	38
6	包	bāo	to include	48
6	壁	bì	wall	46
6	德	dé	virtue; morals	49
6	翻	fān	to turn over	47
6	隔	gé	partition	46
6	喊	hǎn	to cry out	46
6	呼	hū	to call	46

205

6	環 环	huán	to surround	49
6	激	jī	to stimulate	46
6	街	jiē	street	48
6	境	jìng	area; situation	49
6	欄 栏	lán	column; banister	47
6	廊	láng	corridor	45
6	瞞 瞞	mán	to hide the truth from	48
6	迷	mí	fan; to be fascinated by	48
6	嗯	ng	(an interjection)	49
6	森	sēn	forest	50
6	稍	shāo	a little	47
6	聲 声	shēng	sound	45
6	梯	tī	ladder; stair	45
6	通	tōng	through; to lead to	49
6	微	wēi	tiny; minute	47
6	響 响	xiǎng	sound; noise	46
6	育	yù	education	48
6	招	zhāo	to beckon	45
7	背	bèi	back	56
7	憋	biē	to suppress	58
7	吹	chuī	to blow; to break up	58
7	格	gé	character; style	54
7	古	gǔ	ancient; classical	56
7	怪	guài	to blame; strange	58
7	滾	gǔn	to roll	56
7	害	hài	harmful	57
7	悔	huǐ	to regret	58
7	鏡 镜	jìng	mirror	57
7	況 况	kuàng	condition	54
7	朗	lǎng	bright	55
7	厲 厉	lì	severe	57
7	麗 丽	lì	beautiful	59

7	鬧 闹	nào	to stir up trouble	53
7	噢	ò	(an interjection)	56
7	脾	pí	spleen	55
7	破	pò	broken	58
7	情	qíng	feeling	53
7	趣	qù	amusement	55
7	莎 莎	shā	(a kind of grass)	59
7	談 谈	tán	to talk	59
7	挺	tǐng	quite	58
7	細 细	xì	thin; fine	54
7	戲 戏	xì	play; drama	55
7	相	xiāng	each other	56
7	詳 详	xiáng	detailed	53
7	性	xìng	nature; character	54
7	搖	yáo	to shake	56
7	躁	zào	rash; restless	55
7	醉	zuì	drunk	57
8	播	bō	to broadcast	65
8	柴	chái	firewood	66
8	盾	dùn	shield	69
8	爾 尔	ěr	like that	64
8	仿	fǎng	to imitate; to copy	66
8	負 负	fù	to bear	68
8	敢	gǎn	to dare	70
8	紀 纪	jì	record	64
8	藉 借	jiè	excuse	68
8	亂 乱	luàn	disorderly	67
8	蔴 麻	má	sesame	70
8	矛	máo	lance	69
8	免	miǎn	to avoid	67
8	模 模	mó	pattern	66
8	偶	ǒu	accidentally	64

8	頻 频	pín	frequency	65
8	槍 枪	qiāng	gun	68
8	任	rèn	assignment	69
8	術 术	shù	art; method	63
8	堂	táng	hall	63
8	童	tóng	child	66
8	威	wēi	might; by force	69
8	聞 闻	wén	news; to hear	65
8	閑 闲	xián	idle; unoccupied	64
8	向	xiàng	toward	67
8	脅 胁	xié	to force	70
8	藝 艺	yì	art; skill	63
8	引	yǐn	to cause; to induce	66
8	災 灾	zāi	disaster	67
8	責 责	zé	duty	69
8	炸	zhà	to blow up; to bomb	70
9	岸	àn	coast; bank	75
9	拜	bài	to pay respect; to worship	76
9	曾	céng	once before	73
9	待	dāi	to stay	76
9	代	dài	period; generation	73
9	蒂	dì	the base of a fruit	77
9	否	fǒu	no; not	74
9	夫	fū	man	77
9	姑	gū	father's sister	75
9	既	jì	since; already	76
9	領 领	lǐng	to lead	76
9	爐 炉	lú	stove	75
9	陸 陆	lù	land	73
9	墨	mò	ink	77
9	膩 腻	nì	to be bored with	75
9	確 确	què	really; indeed	74
9	散	sàn	to distribute; to let out	74
9	趟	tàng	M (trips)	76
9	移	yí	to move	73
9	則 则	zé	then	74
9	址	zhǐ	location	77
10	餅 饼	bǐng	a round flat cake	84
10	產 产	chǎn	product	83
10	趁	chèn	to take the opportunity	82
10	丟 丢	diū	to lose; to mislay	84
10	隊 队	duì	a line (of people)	81
10	逛	guàng	to stroll	81
10	裹	guǒ	to wrap	83
10	利	lì	advantage	81
10	聯 联	lián	to join	83
10	輪 轮	lún	to take turns	82
10	排	pái	to arrange; to put in order	81
10	奇	qí	strange; rare	81
10	卻 却	què	however	82
10	筒	tǒng	thick tube-shaped object	82
10	萬 万	wàn	ten thousand	84
11	碑	bēi	stele	94
11	池	chí	pool	97
11	船	chuán	boat	90
11	催	cuī	to hurry; to urge	92
11	瞪	dèng	to glare	90
11	度	dù	degree	88
11	妃	fēi	concubine	96
11	婦 妇	fù	woman	94
11	故	gù	incident; happening	88
11	觀 观	guān	to watch; sight	92
11	哈	hā	(the sound of laughing)	94
11	狠	hěn	vigorous	90

11	湖		hú	lake	90
11	划		huá	to paddle	90
11	淮		huái	Huai (a river)	96
11	擠	挤	jǐ	crowded; to push against	88
11	蹟	迹	jì	remains; mark	87
11	敬	敬	jìng	to respect	95
11	覽	览	lǎn	to view	87
11	戀	恋	liàn	to feel attached to; love	92
11	齡	龄	líng	age	89
11	陵		líng	mausoleum; hill	91
11	秘		mì	mysterious	95
11	密		mì	secret	95
11	妙		miào	wonderful	89
11	廟	庙	miào	temple	95
11	墓	墓	mù	tomb	91
11	牆	墙	qiáng	wall	90
11	秦		Qín	Qin (a dynasty)	96
11	忍		rěn	to bear; to put up with	93
11	捨	舍	shě	to part with	93
11	深		shēn	deep	91
11	勝	胜	shèng	superb; to win	87
11	突		tū	suddenly	93
11	偉	伟	wěi	great	94
11	武		wǔ	military	96
11	媳		xí	daughter-in-law	94
11	玄		xuán	dark; abstruse	96
11	葬	葬	zàng	to bury	93
11	窄		zhǎi	narrow	89
11	珠		zhū	pearl	89
11	築	筑	zhù	to construct	88
11	壯	壮	zhuàng	magnificent	91
12	鞭		biān	whip	107
12	晨		chén	morning	101
12	傳	传	chuán	to pass on	106
12	戴		dài	to put on accessories (besides shoes)	101
12	端		duān	to hold level; to carry	103
12	豐	丰	fēng	abundant	102
12	根		gēn	root	103
12	官		guān	government official	103
12	荷	荷	hé	lotus	101
12	鷄	鸡	jī	chicken	102
12	祭		jì	to offer sacrifices	105
12	江		jiāng	big river	104
12	儘	尽	jǐn	to the greatest extent	108
12	救		jiù	to save	106
12	曆	历	lì	calendar	107
12	龍	龙	lóng	dragon	105
12	農	农	nóng	agriculture	107
12	炮		pào	cannon	107
12	屈		Qū	(a surname)	109
12	殺	杀	shā	to kill	104
12	賞	赏	shǎng	to appreciate	108
12	神		shén	god; spirit	105
12	盛		shèng	plenteous	102
12	詩	诗	shī	poetry	104
12	祀		sì	to offer sacrifices	105
12	俗		sú	custom	101
12	投		tóu	to throw	104
12	團	团	tuán	to unite	108
12	象		xiàng	be like; image; symbol	106
12	宵		xiāo	night	108
12	鴨	鸭	yā	duck	102
12	憂	忧	yōu	to worry about	103
12	徵	征	zhēng	evidence	106

12	粽	zòng	rice dumpling	103
13	傲	ào	haughty	116
13	奥	ào	profound	118
13	彩	cǎi	color; splendor	115
13	此	cǐ	this; here and now	116
13	倒	dào	(indicating concession)	115
13	富	fù	wealthy; abundant	114
13	感	gǎn	to feel	116
13	光	guāng	light	117
13	寂	jì	quiet	113
13	績 绩	jì	accomplishment	117
13	驕 骄	jiāo	proud	116
13	界	jiè	boundary	116
13	決 决	jué	to decide	115
13	克	kè	to overcome	118
13	秒	miǎo	second	114
13	寞	mò	lonely; deserted	113
13	匹	pǐ	to be a match for	118
13	強 强	qiáng	strong	113
13	取	qǔ	to get	117
13	榮 荣	róng	to flourish; glory	117
13	失	shī	to lose	113
13	世	shì	world; era	115
13	益	yì	benefit	118
13	贏 赢	yíng	to win	114
13	譽 誉	yù	reputation; fame	118
13	展	zhǎn	exhibition; to spread out	115
13	追	zhuī	to pursue; to give chase	114
14	伴	bàn	companion; partner	123
14	操	cāo	to grasp; to operate; to drill; to exercise	122
14	廠 厂	chǎng	factory	122
14	衝 冲	chòng	abrupt; blunt	123
14	抽	chōu	to take out	125
14	獨 独	dú	single; alone	121
14	恩	ēn	benevolence	125
14	畫 画	huà	to draw; picture	123
14	惠	huì	kind; gracious	125
14	婚	hūn	marriage; wedding	122
14	技	jì	skill	121
14	居	jū	to occupy	125
14	懶 懒	lǎn	lazy	124
14	玲	líng	exquisite	125
14	罵 骂	mà	to scold	124
14	嘛	ma	(a particle)	122
14	嫂	sǎo	elder brother's wife	123
14	叔	shū	father's younger brother	121
14	庭	tíng	courtyard	121
14	退	tuì	to move back	122
14	休	xiū	to rest; to stop	123
14	狀 状	zhuàng	plaint; account	124
15	變 变	biàn	to change	133
15	朝	cháo	dynasty	135
15	酬	chóu	payment; reward	133
15	辭 辞	cí	to resign	129
15	斷 断	duàn	to break; to cut off	131
15	範 范	fàn	model	131
15	腹	fù	abdomen; belly	133
15	改	gǎi	to change	134
15	概	gài	generally; approximately	132
15	革	gé	to transform	134
15	顧 顾	gù	to look at; to consider	135
15	懷 怀	huái	to conceive	129
15	嫁	jià	to marry (of women)	132
15	解	jiě	to solve; to untie	130

15	貓 猫	māo	cat	131
15	妻	qī	wife	135
15	歧	qí	branch; divergent	130
15	輕 轻	qīng	to belittle; few; light	132
15	甚	shèn	to exceed; even	133
15	升	shēng	to rise	134
15	鼠	shǔ	rat; mouse	131
15	數 数	shù	figure; number	134
15	宋	Sòng	(name of a dynasty)	135
15	未	wèi	not yet	133
15	顯 显	xiǎn	exposed; obvious	134
15	薪 薪	xīn	salary	130
15	姻	yīn	marriage	132
15	孕	yùn	pregnancy	129
15	丈	zhàng	senior; husband	130
15	主	zhǔ	master; host	130
16	材	cái	timber; materials	142
16	愁	chóu	to worry; to be anxious	142
16	肥	féi	fat	142
16	府	fǔ	government office	141
16	毫	háo	a tiny amount	141
16	衡	héng	to weigh; to measure	144
16	患	huàn	to contract; to suffer from	142
16	竟	jìng	end; finish	141
16	均	jūn	equal; even	143
16	良	liáng	fine; good	143
16	療 疗	liáo	to treat; to cure	139
16	窮 穷	qióng	poor	140
16	攝 摄	shè	to absorb	143
16	替	tì	for; on behalf of	141
16	嚴 严	yán	strict; severe	140
16	義 义	yì	meaning; significance	142
16	與 与	yǔ	and	139
16	臟 脏	zàng	internal organ	140
16	症	zhèng	disease	143
16	制	zhì	system	139
16	製 制	zhì	to make; to manufacture	141
16	注	zhù	to concentrate	143
17	辯 辩	biàn	to debate	148
17	補 补	bǔ	to mend; to make up	152
17	承	chéng	to bear; hold	150
17	礎 础	chǔ	plinth (stone base)	148
17	喘	chuǎn	to pant; to gasp	153
17	促	cù	to urge	150
17	督	dū	to supervise; to direct	150
17	讀 读	dú	to read; to study	151
17	鳳 凤	fèng	phoenix	152
17	鼓	gǔ	drum	154
17	何	hé	what; how	147
17	揮 挥	huī	to scatter; to wave	150
17	基	jī	base	147
17	即	jí	even; even if	153
17	競 竞	jìng	to compete; to contest	148
17	勵 励	lì	encourage	154
17	批	pī	to criticize	149
17	評 评	píng	to judge	149
17	啟 启	qǐ	to awaken; to start	153
17	器	qì	ware	151
17	求	qiú	to request; to seek	151
17	缺	quē	to lack	149
17	使	shǐ	to make; to cause	151
17	鬆 松	sōng	loose; slack	147
17	態 态	tài	form; condition	149
17	汰	tài	to eliminate; to discard	151

210

17	淘	táo	to clean out	150
17	填	tián	to fill (in, out)	147
17	息	xī	to rest	153
17	硬	yìng	hard	153
17	優 优	yōu	excellence; merit	152
17	尊	zūn	to respect	153
18	並 并	bìng	and; further	164
18	博	bó	to gain; to win	163
18	察	chá	to examine	158
18	低	dī	low	168
18	締 缔	dì	to conclude	164
18	毒	dú	poison	163
18	賭 赌	dǔ	to gamble	163
18	段	duàn	segment	166
18	犯	fàn	to commit (a crime)	157
18	販 贩	fàn	to peddle	163
18	羔	gāo	lamb	162
18	割	gē	to cut	162
18	僱 雇	gù	to hire	159
18	規 规	guī	rule; regulation	160
18	擊 击	jī	to hit; to attack	164
18	集	jí	to gather; to collect	161
18	妓	jì	prostitute	164
18	監 监	jiān	jail; to inspect	159
18	劫	jié	to rob; to compel	166
18	禁	jìn	to prohibit	160
18	警	jǐng	alert; warn	158
18	獵 猎	liè	to hunt	157
18	率	lǜ	rate; proportion	167
18	滅 灭	miè	to extinguish	166
18	命	mìng	life; fate	159
18	弄	nòng	to make; to play with	158
18	碰	pèng	to touch; to run into	158
18	貧 贫	pín	poor	167
18	搶 抢	qiǎng	to rob	165
18	竊 窃	qiè	to pilfer	165
18	權 权	quán	right	162
18	仍	réng	still	167
18	私	sī	private	161
18	偷	tōu	to steal	165
18	紊	wěn	disorderly	167
18	憲 宪	xiàn	constitution	161
18	限	xiàn	to limit; to restrict	162
18	消	xiāo	to disappear	166
18	尤	yóu	particularly	166
18	獄 狱	yù	prison; jail	159
18	宰	zǎi	to butcher; to slaughter	162
18	障	zhàng	to obstruct; barrier	161
18	枝	zhī	M (pens, rifles)	157
18	執 执	zhí	to carry out	160
18	值	zhí	value	167
18	止	zhǐ	to stop	161
18	智	zhì	wisdom	158
18	罪	zuì	crime	157
19	癌	ái	cancer	176
19	艾	ài	grass	176
19	寶 宝	bǎo	treasure	180
19	避	bì	to avoid	178
19	瀕 濒	bīn	to border; to be close to	177
19	採 采	cǎi	to pick; to select	180
19	癡 痴	chī	idiotic	171
19	措	cuò	to arrange; to handle	180
19	呆	dāi	slow-witted	171
19	蛋	dàn	egg	173

19	猴		hóu	monkey	172
19	忽		hū	to neglect; to ignore	181
19	虎		hǔ	tiger	179
19	互		hù	mutual	181
19	剪		jiǎn	to cut	174
19	講	讲	jiǎng	to speak; to emphasize	175
19	絕	绝	jué	to cut off; exhausted	178
19	抗		kàng	to resist	171
19	憐	怜	lián	to sympathize with	172
19	臨	临	lín	to face; to overlook	178
19	略		lüè	to omit; to leave out	181
19	蠻	蛮	mán	rough; reckless	176
19	虐		nüè	cruel; tyrannical	175
19	憑	凭	píng	to base on; to rely on	177
19	剖		pōu	to cut; to dissect	171
19	裘		qiú	fur coat	173
19	區	区	qū	to distinguish	179
19	扔		rēng	to throw	173
19	弱		ruò	weak	181
19	牲		shēng	domestic animal	174
19	施		shī	to put into practice	180
19	痛		tòng	painful	178
19	圍	围	wéi	to encircle	174
19	誤	误	wù	error	175
19	犧	牺	xī	sacrifice	174
19	稀		xī	rare	177
19	熊		xióng	bear	181
19	虛	虚	xū	empty; void	179
19	野		yě	wild; barbaric	175
19	增		zēng	to increase	179
19	珍		zhēn	precious; treasure	177
19	織	织	zhī	to knit; to weave	172
20	裝	装	zhuāng	outfit	173
19	滋		zī	to multiply	176
19	組	组	zǔ	to organize	172
20	邦		bāng	nation; state	186
20	蟲	虫	chóng	insect	187
20	臭		chòu	smelly; stinking	188
20	廢	废	fèi	waste	185
20	核		hé	nucleus	188
20	堪		kān	to bear; to endure	188
20	硫		liú	sulphur	189
20	煤		méi	coal	188
20	染		rǎn	to soil; to contaminate	186
20	松		sōng	pine tree	187
20	託	托	tuō	to entrust	187
20	委		wěi	to commission	186
20	污		wū	dirt; dirty	186
20	析		xī	to analyze	186
20	項	项	xiàng	M (projects)	185
20	效		xiào	effect	189
20	氧		yǎng	oxygen	188
20	源		yuán	source	188
20	造		zào	to cause; to create	186
20	渣		zhā	residue	185
20	治		zhì	to rule; to control	187